Martine Philibert

Le jour où tout a commencé.
*L'affranchi, Socrate et le Gouvernement :
la fable de l'éternité*

Conte philosophique

Chapitre I — Crépuscule

Dans ce petit village du sud de la Bretagne, on ne se douterait jamais de l'importance décisive d'une vie.

Celle d'Ella, institutrice dans l'école de son hameau, est pourtant de celles-là.

Avant que tout bascule, elle habitait une maisonnette dans la campagne. Haussée sur les dernières pierres d'un bourg autrefois médiéval, sa modeste demeure lui suffisait. Embellir son minuscule jardin de fleurs et de plantes délicieusement rares tout en rêvant à la construction d'un bassin d'eau pour ses petits enfants, Thomas et Jasmine, et pour leur future sœur cadette, l'emplissaient d'une joie immense. Non loin d'une retraite bien méritée, elle s'imaginait passer son temps à absorber jusqu'aux ultimes rayons d'un soleil couchant. Entourée de sa famille et de ses amis, leurs éclats de rire ne lui auraient apporté que la certitude d'une vie réussie.

Mais c'était avant que tout s'écroule.

Elle a passé toute sa carrière à enseigner, à prodiguer des leçons pour que ses élèves puissent emporter avec eux ne serait-ce qu'une graine de savoir. Les bases sont certes importantes, mais la curiosité des enfants et leur émerveillement à la tâche la surprennent toujours. Elle a remarqué que ces petits êtres ont le don de développer des talents, même lorsque ceux-ci ne semblent pas s'en apercevoir. Tout l'art du pédagogue étant dès lors d'amener l'enfant à prendre conscience de ses forces pour mieux les laisser s'épanouir.

Ella a reçu une bonne éducation : ses parents lui ont toujours conseillé de donner le meilleur d'elle-même, de toujours essayer

de faire par elle-même pour comprendre et progresser. Sa mère pensait que, si on le veut, tout est possible.
Du moins, tant qu'il nous reste du temps.
Pourtant, Ella n'a pas eu une vie facile. Ses parents étaient modestes, mais ils lui ont légué un peu d'argent. Sans cette somme et avec son unique salaire, elle n'aurait jamais pu obtenir un crédit pour acheter une maison. Son pauvre mari, si vaillant qu'il ait pu être, a fini par se suicider sous le poids des dettes de son exploitation agricole. Il s'est peu à peu enfoncé dans la dépression et, du fait de sa nature secrète, il n'a rien dit de ses états d'âme. Ella a mis des années à s'en remettre, tout en sachant que la vie ne serait plus jamais la même. Pourtant, il faut bien vivre et continuer, même si elle est consciente qu'il lui faudra éventuellement revendre son habitat dans le cas où elle aurait besoin d'aller en maison de retraite. Sa maigre rente, pourtant dûment gagnée par son travail, sera insuffisante pour qu'elle puisse se l'offrir. Ella ne veut pas que sa fille Julia, qui travaille déjà éperdument, en fasse les frais. Elle sait aussi que Julia a ses propres problèmes, qu'elle n'a pas eu de vacances depuis des années, et qu'elle survit grâce à un découvert bancaire perpétuel. Elle devra donc choisir entre consommer l'héritage de sa fille pour lui épargner le souci de ses vieux jours, ou bien lui incomber comme une charge afin de lui conserver le bien familial. Le dilemme est insoluble, et il est bien trop tôt pour s'imposer de le trancher.
Ella est douce et avenante, mais, derrière ses attraits tout à fait appréciables, elle cache un questionnement infini. À l'image d'une guerrière véritable qu'une existence de combats a assagie, la vie lui a appris à voir les choses sous un angle différent.
Pourtant, en ce dimanche de l'an 2080, Ella n'est pas sereine : assise sur la balancelle de sa terrasse, elle laisse dériver sa pensée sur ce paysage qu'elle aime tant. Un soleil rasant

surplombe la toiture de son domicile. Les rayonnements noirâtres et blanchâtres des panneaux photovoltaïques des maisons voisines lui rappellent l'esquisse d'un jeu de dames. Petite, sa fille Julia aimait y jouer. Installés sur les bancs de pierre disposés astucieusement par son époux, ils y passaient des heures. Abritées sous l'ombre d'un saule pleureur, le balancement du feuillage au rythme de la brise concentrait la plénitude d'une existence idéale en un fragment de temps bien précis : celui où l'insouciance d'une enfant vous fait oublier les calamités de la vie et donne un sens à votre existence.

Ces panneaux solaires ont été offerts par l'État il y a quelques années dans le but de réduire la consommation d'énergie. Effort louable de la part du Gouvernement face au réchauffement climatique, mais bien tardif, et bien isolé.

Comme à son habitude, Ella examine au loin la géométrie terne des champs en germination qui se dessinent devant ses yeux, un à un, découpant ainsi chaque parcelle de terre pour en révéler le secret de sa semence : blé, colza, maïs, orge, soja et tournesol, ils ont tous émergé, même si la quantité décroît sans cesse de manière alarmante. De rares jonquilles commencent aussi à éclore : le printemps arrive, songe Ella, et on n'est que début juillet. Pourvu qu'il ne soit pas trop chaud. Le souffle dérangeant d'un vent sec dans les branchages des pommiers rachitiques du verger de la voisine vient accompagner cette réflexion. À ses côtés, un petit rouge-gorge esseulé picore les dernières miettes de son repas de la veille. Sautillant et affaibli, il fixe Ella d'un air curieux, puis il s'envole, non sans peine. Pauvres créatures.

On a pourtant vu arriver les problèmes et su en comprendre les causes comme les conséquences, tout comme on a su envisager les remèdes. Et pourquoi, au final ? C'est une question qu'Ella se pose souvent, ces temps-ci, et elle y consacre sa méditation comme ses lectures.

Ella ouvre d'ailleurs son livre. Elle aime bien ce philosophe : il présente sur l'Histoire un regard qui lui parle, qui résonne en elle avec un sens profond. Et il faut absolument qu'elle trouve une signification à tout ça. Alors elle se replonge dans sa lecture :

« Malgré le passage des siècles, les choses ne changent pas. On accumule les expériences, les connaissances, la sagesse, les technologies ; on en remplit des livres, des bibliothèques, des ordinateurs ; et c'est comme si ces trésors arrachés de haute lutte par le sang et la sueur n'étaient dans les faits que les reliques d'une foi narcissique, mais absurde, incomprise et, finalement, inutile, que chaque génération rejette avec arrogance pour refaire les mêmes erreurs que nos anciens. L'âme humaine est si riche, de toute évidence, et elle se montre dans toute sa splendeur par sa créativité et ses qualités humanistes, et pourtant il y a tant de pauvreté, tant de violence, tant de souffrance vaine et insupportable dans nos actes quotidiens.

Alors je m'interroge sur l'humanité. Dans son essence, y a-t-il vraiment des fondations aussi solides que nécessaire pour assurer sa préservation ? Si j'étudie chaque mouvement de notre race, les variables se mélangent dans un nœud infini de facteurs individuels et collectifs. Une seule retient pourtant mon intérêt, le point commun qui nous unit, la seule vérité en soi, qui nous poursuit comme une malédiction : l'Homme, avec sa nature si avide de pouvoir et d'attention, n'accède malgré ses capacités qu'à une évolution imparfaite qui nous empêche de réfléchir et de devenir. Quel sera le souffle de notre espèce, si elle reste gouvernée par l'envie de posséder ?

Ces petites et grandes tornades qui nous malmènent, puis qui s'éloignent dans les limbes du temps en laissant tomber leurs ravages dans l'oubli, on en garde à peine les traces, jusqu'à ce que les nuages se reforment, et ainsi de suite. On voit ce que l'on veut, on entend ce que l'on veut, on oublie. Comme une mer incessante qui polit les cailloux, le temps passe sur les décombres de notre histoire, de sorte qu'elle s'efface et se reproduit. L'humanité, si grande, est pourtant si fragile, sans cesse renouvelée d'un sang neuf, naïf, inexpérimenté et faillible. Cet espoir, cette ambition d'une humanité supérieurement belle et heureuse, je les porte néanmoins haut dans mon ciel : ils sont si précieux ! Tous ensemble réunis, on a tant de choses à faire, tant de possibles à réaliser ! Ce sentiment, je ne peux le laisser tomber. Quelle serait sinon la raison de vivre ? On sait ce qu'il faut faire, on connaît les réponses. On a vu et mesuré les risques, puisqu'à travers l'Histoire et jusqu'à aujourd'hui, nous sommes le résultat de cette équation, et pourtant on ne réfléchit pas et on se trompe. Encore et encore... »

En effet, on a oublié de réfléchir, songe Ella en redressant la tête pour contempler les collines arides de sa Bretagne natale. Il y a quelques décennies, le GIEC et l'ONU ont pourtant prédit le bouleversement des civilisations à cause des changements climatiques. Ils ne se sont hélas pas trompés, et leurs prévisions sont devenues bien réelles, s'attriste Ella, qui tente de se rappeler, de plus en plus difficilement, les nuances de vert qui se sont perdues, les chants des oiseaux qui se sont tus, le concert des insectes qui ont disparu.

Les pays les plus instables se sont écroulés les premiers. Les groupes qui les composaient n'ont pas réussi à déposer à temps leurs armes et à s'unir pour s'intéresser à la création d'un accès pérenne à l'eau, ou pour s'assurer de trouver un moyen pour cultiver la terre de manière durable et suffisante pour nourrir leurs populations. Pourtant, ils en auraient eu encore le temps. Trop aveuglés par l'envie de posséder, de commander, de dominer, souvent par peur d'être à leur tour écrasés, ils n'ont pas voulu entendre parler des changements climatiques, les jugeant sans doute lointains et anecdotiques.

Ella laisse dériver ses pensées en même temps que son regard sur le ciel crépusculaire qui s'assombrit, la grisaille de la nuit étouffant peu à peu le couchant ensanglanté du jour qui se meurt.

Tout à fait en accord avec ses pensées : l'obscurité montante pour un obscurantisme destructeur.

Elle se dit au passage que certains utilisent la religion pour justifier la terreur qu'ils exercent, trop extrême, forçant leurs peuples à vivre à genoux sous peine de vies effroyables pour mieux régner, les fidèles n'ayant pas d'autre choix que d'apprendre à accepter ces souffrances. À bien des égards, les politiciens sans scrupules n'ont pas fait mieux en utilisant les recettes populistes pour discréditer leurs opposants et se maintenir au pouvoir, continuant d'asservir les populations par la peur pour leurs profits et ceux de leurs amis et protecteurs.

Privés d'éducation et d'espoir, abîmés par la dureté de leur misère, les humains n'ont plus de repères et deviennent le produit d'un conditionnement culturel : abusés et pervertis par la politique de leurs pays, ils se laissent guider par elle et perpétuent l'horreur qu'enseignent leurs gouvernements malsains. Certains ne sont plus alors que des animaux apeurés, des moutons soumis et malléables. Face à la famine, quelques-uns de ces peuples ont certes réussi à se redresser, tempère Ella. Ils auront au moins peut-être une chance de s'adapter, s'ils ont le temps de reprendre en main leur destin avec les quelques cartes dont ils disposent encore. L'instinct de survie, pense-t-elle : elle espère qu'elle n'aurait pas fait différemment. Qu'elle saura faire.

Ella se souvient d'avoir lu dans les livres d'histoire, il y a quelques années, le récit d'un événement tout à fait épique : face à la crise migratoire liée aux guerres civiles engendrées par le réchauffement climatique du fait de la désertification des terres agricoles du Sud, l'Allemagne a accueilli en quelques années un nombre très élevé de réfugiés, sujet longtemps controversé à l'époque, car la population n'était pas entièrement préparée à recevoir une autre culture, et que les Européens ne savaient pas ce que cela impliquait réellement. Même si la majorité de la population aurait voulu embrasser la diversité des migrants, ce qui était loin d'être le cas, ces étrangers avaient aussi une histoire fracassée, et il fallait en tenir compte. Ceci dit, les Allemands avaient une économie stable et la volonté de bien faire : ils ont suivi le mouvement. Certainement le résultat des erreurs du passé d'une nation désormais déterminée à ne plus se laisser dominer par les préjugés ou la peur, marquant ainsi l'Histoire de son évolution, s'est alors dit Ella en redécouvrant cette période qu'elle avait oubliée. Les programmes d'intégration sociale s'étaient améliorés pour faire face : en imposant le mode de vie du pays d'accueil, ils proposaient d'autres repères, forçant désormais les immigrants à un autre choix de vie. Car, même libres ou sous les fers, on ne choisit pas, dans la majorité des cas, le pays où l'on naît. Avec le temps et la rencontre de ces exilés, le fait de les fréquenter et de les comprendre, les esprits ont évolué peu à peu : les mœurs n'en étaient enfin plus à blâmer la population migrante, car ce n'était plus considéré comme un crime de prendre un bateau pour vouloir survivre, tant cet acte apparaissait enfin pour ce qu'il était, à savoir tout à fait insensé autant qu'irresponsable, si l'on considère le nombre des naufrages. Dès lors qu'on prenait conscience de la réalité de ces exodes, cette fuite vers une terre d'accueil résonnait surtout comme la volonté désespérée de vivre et l'aspiration à un monde meilleur.

C'était un bel effort pour l'Allemagne de l'époque, même s'il aurait été préférable d'agir plus tôt, avant que l'anéantissement des perspectives d'avenir de leur peuple soit entamé.

De nos jours, pense-t-elle, la vie est bien difficile : aujourd'hui plus qu'hier, il faut sauver la planète pour nous sauver nous-mêmes. À force d'industrialisation et de surproduction, la pollution et l'épuisement des matières premières ont ravagé les continents. La planète nous montre ses souffrances, de plus en plus. Pourtant, les systèmes économiques vantés par les gouvernements, eux, reflètent toujours les pulsions de l'Homme, comme un archaïsme issu du temps des rois et qui s'imposerait encore à nous : celui de vouloir s'enrichir à n'importe quel prix.

Elle repense avec anxiété à Julia, qui peine à boucler ses fins de mois malgré ses 52 heures hebdomadaires comme enseignante-éducatrice dans un collège, et qui ne voit plus ses propres enfants entre les cours et les permanences qu'elle doit assurer. Le travail ne nourrit plus. D'ailleurs, l'État non plus, à en croire les derniers chiffres de la pauvreté, indiquant 30 % de la population sous le seuil fatidique et parqués dans les bidonvilles périphériques des grandes villes.

Certes, les pays, avec l'accord des autres chefs d'État de l'Union Eurasiafricaine, se sont entendus pour puiser les ressources financières nécessaires afin de faire face au désastre écologique qui frappe à nos portes, mais en puisant dans le fruit des heures de travail de chacun, qui constituent le produit intérieur brut d'un pays, ses recettes, et non en effaçant les dettes qui inféodent les nations aux grandes banques internationales. Des usines de production d'eau ont pu être créées, donc, et toutes les industries ont été équipées de filtres à décarboner l'atmosphère, tout comme la plupart des glaciers ont pu être couverts pour ralentir leurs fonte, nous permettant ainsi de mieux gérer la montée des océans, mais tout ça a pesé sur les moins riches, encore, conduisant davantage de monde vers la précarité et le désespoir. Dans certains pays, on a même appris à dessaler l'eau des mers pour ensuite irriguer les champs, procédé coûteux, mais nécessaire pour maintenir les cultures vivrières dans des terres impactées par un climat de plus en plus hostile. L'énergie verte a été développée et employée, enfin, après pas loin d'un siècle à en annoncer la nécessité avec une urgence grandissante.

Pourtant, l'augmentation du taux de CO_2 dans l'atmosphère, principal facteur du réchauffement climatique, n'en a pas pour autant été réduit, mais juste freiné. Chaque pays essayait de ralentir la destruction écologique de son espace vital, de la contrôler, mais sans trop user son P.I.B., pour ne pas être celui qui dépense le plus et perd en compétitivité, pour ne pas être celui qui paie à la place des autres. Mais le temps nous a rattrapés et nous avons tous été perdants.

Et Ella repense à ces dernières cinquante années avec consternation. À partir des années 2030, en effet, les médias ont enfin changé leur discours et compris que la population ne se développait pas, que sa longévité ne s'accroissait pas, non : l'humanité avait explosé, certes, mais sa santé devenait erratique, sa natalité capricieuse. Et la fertilité a commencé à s'écrouler, la mortalité à grimper en flèche : cancers, notamment, mais aussi maladies respiratoires en tous genres ; partout où l'homme respirait, mangeait, buvait, il s'intoxiquait désormais. Le virage du bio, dans les années 2000, avait été lent et vite supplanté par un greenwashing débridé qui avait rendu confuse l'information, et les multinationales avaient écrasé comme un fétu de paille la vaillante petite concurrence alternative.

Depuis quand a-t-elle oublié le goût des aliments de son enfance ? songe-t-elle, la mélancolie venant noyer son âme contemplative. En tout cas, sa campagne bretonne s'est vidée, asséchée, réchauffée, et la végétation rase laisse désormais voir à perte de vue des maisons abandonnées, fermes fermées faute de terres agricoles. Par beau temps, les toits scintillent encore des panneaux solaires que les éléments n'ont pas détruits.

Ce fleuron de l'industrie verte à la française, fer de lance de la transition écologique. Et au final seule mesurette derrière le discours vibrant.

Un cache-misère.

L'État était apparemment fier de ce qu'il avait réalisé en démocratisant massivement cet équipement made in France qui devait sortir le pays de sa dépendance énergétique et de ses émissions de carbone tout en perpétuant un système capable de maintenir un train de vie confortable par l'abondance des produits, mais que la population ne pouvait cependant plus s'offrir. Les habitants grondaient inlassablement et demandaient des explications, mais c'était là une habitude qui n'étonnait plus. Alors que d'autres pays ne voulaient rien entendre et que certains peuples s'activaient déjà à s'autosuffire, eux ont puisé dans les richesses de leur sous-sol ces trésors qu'ils ont ravis aux générations futures : ils ont retiré à leurs enfants le prix de leur survie, pense sombrement Ella.

Certes, confrontés eux aussi aux bouleversements climatiques et aux difficultés vécues en conséquence, beaucoup d'anciens, notamment agriculteurs, ressentaient une colère immense d'avoir cru si naïvement en la modernisation agricole et aux évolutions technologiques mises en avant par les gouvernements qui, au final, n'ont fait qu'engendrer de façon irréfléchie l'impasse actuelle. Mais beaucoup aussi, comme Ella dans ses jours sombres où la déprime la submerge, sont juste heureux de savoir qu'ils seront morts lorsque les problèmes qu'ils ont causés par lâcheté retomberont sur les épaules de leurs descendants, et elle se morfond constamment sur ce futur devenu tout à fait incertain.

Devant l'or du couchant, à la pensée de sa fille et de ses petits comme de leurs camarades qui jouent quelque part derrière les collines arides et pierreuses sur lesquelles tombe la nuit, Ella vibre d'une colère frustrée : qu'est-ce qu'elle peut encore faire à son âge de ces maigres forces qui lui demeurent en attendant sa mort ? Elle a enseigné toute sa vie, cherché à éveiller dans chaque jeune tête qu'on lui confiait l'étincelle d'humanité dont on souffle les brasiers des génies. Et, pourtant, les enfants et leurs rêves se sont évanouis dans la médiocrité de l'âge adulte, de son matérialisme et de ses résignations amères.

Oui, l'Homme excelle à créer la vie, et il prend facilement ses aises dans la richesse de la culture qu'il crée, mais il n'est plus du tout capable de se projeter dans les conséquences de ses actions — s'il l'a un jour été. Et il ne comprend plus le sens de l'existence, la valeur de la vie ou l'intérêt de faire société. Assis sur sa montagne de jouets technologiques arrachés au néant par les intelligences visionnaires et besogneuses de ses ancêtres, il semble être affamé de possessions et de pouvoir, et parfaitement étranger à l'empathie et au bonheur. Comme s'il ne lui restait plus que pour seule capacité de jouissance celle d'asseoir sa satisfaction sur la domination et la souffrance des autres.

La création de l'intelligence artificielle, qui devait suppléer nos faiblesses et ainsi élever notre espèce, n'a pas aidé l'humanité, puisqu'elle était nourrie par les mêmes défaillances que les nôtres pour servir leurs créateurs et les lobbyistes qui les finançaient dans leur quête de pouvoir et de richesse inconséquente. Et l'on se pose malgré tout éperdument la question de savoir comment la perfectionner toujours plus. En effet, les savants pensent que la technologie apportera des solutions. On pense que si l'on peut réunir toute l'intelligence humaine en une seule machine capable d'identifier les probabilités de réussite dans un champ de problèmes à résoudre, on pourra enfin devenir immortel et infaillible.

Ella grimace devant cette foi absurde, désespérante et désespérée dans le progrès technique, cette confiance aveugle, folle, mystique même, qu'un objet saura compenser à lui seul toute une humanité en roue libre vers le précipice.

Mais les seuls changements apportés sont ceux qui nourrissent les profits de quelques-uns et que l'on voit partout gangréner le monde, pas pour soulager les habitants les plus démunis des pays où l'on confectionne les habits et technologies jetables à des cadences infernales et au mépris de tous les droits humains et de l'environnement. Ces mêmes droits humains justement créés et vantés par ces mêmes pays développés qui détiennent les technologies nécessaires pour produire, mais qui préfèrent continuer d'exploiter les pays les plus pauvres au lieu de s'autosuffire, causant un chômage de plus en plus massif.

Elle essuie une larme. C'est cette folie de grandeur et de puissance ruinant les populations et mettant les miséreux en concurrence qui a eu la peau de son mari. Qui le lui a arraché si tôt, un après-midi. Et qui plonge sa fille et ses petits dans une vie de précarité sur une planète où la vie étouffe.

Comble de l'hypocrisie des grandes puissances, les gouvernements de ces peuples démunis et réduits en esclavage par les industriels utilisent librement la répression par la mitraillette en cas de révoltes de leurs propres populations. En effet, il semblerait qu'il ne soit pas admissible de se plaindre de devoir mourir pour le travail. Ni de prendre en considération les corps meurtris des enfants employés, et qui subissent le labeur inhumain qu'exigent ces tâches qui devraient pourtant être accomplies, justement, par des machines.

Il ne faudrait pas en effet que ces esclaves de l'industrie moderne se révoltent, et qu'ils demandent à être rémunérés décemment, car les pays développés risqueraient de choisir un autre pays plus enclin à satisfaire la demande de production, puisque la main-d'œuvre en deviendrait moins chère. À cause de cette menace qui nuirait aux intérêts économiques des dirigeants de ces pays sous-développés, les miséreux de tous pays se livrent une concurrence sans pitié, pris entre la violence des riches et la peur d'une plus grande pauvreté. Les peuples, et ce malgré toutes ces années d'horreur subie à travers les décennies, en sont réduits à ne pas évoluer. Car les richesses obtenues par ce système d'exploitation ne sont toujours pas redistribuées de façon équitable et digne d'une nation qui a mis tant d'ardeur à vouloir survivre par son travail. La main-d'œuvre primaire reste pauvre, démunie, et elle souffre de la corruption imposée par ses gouvernements.

La priorité de ces dirigeants est donc de se servir de leurs propres peuples pour s'enrichir, à l'exemple des pays développés qui, au fil du temps, ont évolué au point de faire passer les pauvres et les immigrants pour les responsables de cette confiscation des richesses, en les dénigrant notamment par l'usage de médias sensationnalistes répétant en boucle les mêmes discours simplistes et partiels sur ces gens qui n'aspirent, comme tous, qu'à des conditions de vie décentes. Ceux des migrants qui parviennent à échapper à leur infâme condition d'esclaves industriels, et qui sont autorisés à résider sur le territoire d'un pays développé, sont rarement remerciés pour leurs sacrifices, même s'ils ont parfois sué sang et eau pour confectionner les téléphones portables de leurs détracteurs, qui utilisent leurs appareils pour déverser leur haine raciste sur les réseaux sociaux.

Son regard se perd dans le maquis crépusculaire, sur les courbes silencieuses des collines. Elle est tendue comme une corde, prête à rompre. Sa colère revient souvent, le soir, lorsque l'oisiveté laisse l'occasion à son esprit de s'emparer du tragique de la situation, de cet insupportable gâchis.

Le maigre rouge-gorge ne vient plus aussi souvent, le soir, réclamer ses quelques miettes d'un pain sec et insipide. Il ne vient plus picorer quelques gouttes d'une eau devenue rare. Et son chant mélodieux ne vient plus mêler sa faible plainte au souffle caverneux du vent sec qui fouette les rares arbres rachitiques qui se découpent sur le ciel sombre.

Les doigts crispés sur les accoudoirs de sa chaise longue, Ella serre les dents, retenant un cri de rage. Elle a besoin de comprendre cette folie, de donner un sens à tout ça !

Grande obsession du siècle passé, l'intelligence artificielle devait sauver l'humanité d'elle-même, et tout lui a été inféodé, soumis, confié, avec la foi inébranlable dans le fait que l'Homme serait sauvé par la machine.

Il est inhérent à notre espèce de toujours attendre un messie, une formule magique ou un quelconque miracle spectaculaire qui nous délivrera de notre sort. Peut-être est-ce cela qui nous permet justement de créer et d'espérer sans trop nous poser de questions, et d'avancer sans être limité par la peur des conséquences de nos actes, puisque nous sommes inconsciemment ou consciemment convaincus que quelque chose ou quelqu'un, quelque part, nous sauvera.

Mais Ella se demande en quoi l'intelligence artificielle a donc bien pu les aider. Il lui apparaît comme une évidence que cette création humaine ne peut que desservir l'humanité, puisqu'elle n'a déjà pas pu empêcher l'être humain de transgresser les droits de l'Homme, du fait d'abord que ses composants électroniques sont produits en majorité sous les régimes politiques les plus répressifs.

Sans compter que les algorithmes et missions qui la conditionnent sont le fruit d'esprits humains eux-mêmes imparfaits. D'ailleurs, les algorithmes eux-mêmes sont un regroupement de données qui ne représente que partiellement la réalité, puisqu'on les conçoit en s'appuyant sur l'illusion que l'on a de la vie, et que la technologie proposée en rassemble frénétiquement les morceaux choisis en croyant refléter fidèlement notre façon de vivre. Donc, le décalage entre ce que l'on désire et ce l'on est réellement se creuse pour n'aboutir qu'à la production de consommables inutiles à nos besoins, mais que l'on encensera des noms d'évolution et de créativité en inventant ainsi une nouvelle illusion de besoin non nécessaire à notre survie. Mais les problèmes réels, eux, se font oublier sous les lauriers, et, plus dramatiquement, nos besoins primaires, qui sont intimement dépendants de l'équilibre planétaire.

En résumé, la création de l'intelligence artificielle, comme toute création humaine visant à améliorer la vie de l'Homme, n'aura servi qu'à contourner ses propres intentions bienfaitrices, car l'Homme ne semble pas capable d'être à la hauteur de la raison pour laquelle elle a été pensée à l'origine, puisque ce n'est pas dans sa nature originelle de primate de protéger les autres de ses propres désirs dominateurs.

Il va donc falloir plus qu'un miracle pour qu'Homo Sapiens évolue au point de s'apercevoir que sa priorité est surtout de préserver les êtres vivants dont dépendent sa survie et son équilibre sur cette planète, déplore-t-elle. Car la technologie dont il veut se servir pour vivre sans respecter les droits du reste de l'humanité ni l'équilibre de la nature ne fera que le précipiter un peu plus vite dans le tombeau poussiéreux de son extinction. L'intelligence artificielle, livrée à l'avidité de pouvoir de l'homme qui l'a créée, réduira en poudre nos espérances sans que l'on s'en aperçoive.

Car c'est déjà ce qui est en train de se passer.

Un rictus douloureux traverse son visage quand elle repense à la dernière fois qu'elle s'est rendue en ville, il y a un peu plus d'un mois. Elle revoit la foule pressée des passants assis sur leurs autoporteurs individuels, ces nouveaux moyens de locomotion qui se sont multipliés depuis quelques années et qui ont automatisé les transports en même temps qu'ils ont parachevé leur individualisation atomisante. Elle revoit les lunettes cyberconnectées vissées sur les regards masqués de ces fantômes des temps modernes qui se croisaient sans se voir, évoluant sans rien observer du monde qui les entourait, prisonniers d'une bulle virtuelle dans laquelle ils s'enfermaient frénétiquement pour fuir la violence d'un monde sans lien social, sans solidarité, sans humanité.

Et c'est cette technologie froide et désespérante qui devrait assurer leur bonheur ? Leur survie ?

Mais comment développer une technologie capable de corriger nos comportements alors que l'on ne veut pas se rendre compte que l'on s'autodétruit, songe Ella ? L'intelligence artificielle peut-elle être intègre et respectueuse des droits humains et de la valeur de chacun alors que l'on échoue si facilement à admettre ses propres faiblesses ? On sait très bien que la population souffre à cause de notre manque d'engagement dans l'intérêt collectif, que cela devient une normalité acceptée, et que l'on ne réalise pas que nous nous laissons bercer par l'illusion que nous sommes infaillibles… Comment inventer une intelligence artificielle basée sur autre chose que des fonctionnements sociaux déjà malsains, puisque l'on désire ce que l'on ne possède pas et que l'on envie sans cesse son voisin ? Serait-on capables, avant toute invention technologique, de définir un but positif et les limites de cette machine afin de conduire vraiment à une solution efficace et juste aux problèmes que l'on cherche à corriger ? Et, surtout, comment faire confiance à l'Homme ? Devrait-il résoudre ses propres failles avant de penser à concevoir de nouvelles technologies ?

Le peut-il seulement ?

Ella se rappelle une ancienne lecture qu'elle a pourtant bien retenue : comme l'avait remarqué Nietzsche, « *vivre, c'est essentiellement dépouiller, blesser, dominer ce qui est étranger et plus faible, l'opprimer, lui imposer durement sa propre forme, l'englober et au moins, au mieux, l'exploiter (…). Tout corps (…) devra être une volonté de puissance, il voudra croître, s'étendre, accaparer, dominer, non pas par moralité ou immoralité, mais parce qu'il vit et que la vie est volonté de puissance* ».

En résumé, conclut Ella, le danger du développement de l'intelligence artificielle réside dans le fait qu'elle émane d'une espèce immature qui néglige par égoïsme et matérialisme les intérêts supérieurs de sa propre espèce, comme toutes les créations de l'Homme, qui s'épanouissent presque toujours de manière nocive dans la démesure de ses élans incontrôlés. L'Homme crée pour pallier ses manques naturels, mais il se laisse dépasser par sa soif de pouvoir. Et ceci a alors comme conséquence de faire disparaître les bénéfices de ses inventions.

Certains diront évidemment que l'Homme n'est que désir : il croit savoir, mais comme le disait Nietzsche, en effet, se rappelle Ella, « *la connaissance est pour l'humanité un magnifique moyen de s'anéantir elle-même* ». Il devient alors logique, raisonne-t-elle, que l'Homme, s'il ne se définit que par ses croyances, et que ce qu'il veut n'est traduit que par une recherche de biens matériels égoïstes au-delà de ses besoins primaires et aux dépens de ses besoins spirituels, il prend le risque de s'autodétruire s'il ne se rend pas compte par lui-même que ses volontés deviennent alors maîtresses de sa propre personne et le réduisent dans son humanité — et dans ses chances de survie.

L'Homme reste toujours dominé par ce qu'il veut. Or, par facilité et par insuffisance des systèmes mis en place, qui finissent toujours par échapper à l'intérêt collectif pour ne servir que quelques maîtres lorsque les populations abdiquent leur responsabilité et leur pouvoir, l'esprit humain resserre le plus souvent ses priorités sur des objets concrets qui l'entourent, réduisant du même coup sa dignité d'être évolué à l'indigence d'une animalité décevante, frénétique et avide, sans lendemain.

Ella s'accroche à la vision des quelques pâquerettes sur lesquelles elle veille jalousement depuis qu'elles se font rares. Leur beauté fragile, autrefois si banale, est comme l'incarnation de tous ses espoirs : elle en chérit le moindre bourgeon, enjambant cérémonieusement la moindre corolle pour ne pas la froisser, leur réservant les restes de son eau si précieuse. La beauté d'un monde à l'agonie reste son dernier trésor, son luxe dans sa retraite solitaire.

Elle-même se sent comme une relique, un trait d'union fugace et vacillant entre un monde qui aurait pu naître et qu'on a laissé s'étioler, et une dépouille de monde dont on refuse de voir l'aspect misérable.

Le problème, c'est que l'Homme a génération après génération défriché des infinités de sagesse, mais que les individus n'ont pour autant rien appris, à travers des siècles de possessions et des guerres qui en ont découlé, et ils n'ont pas non plus compris qu'ils œuvrent ainsi à leur propre destruction. Seule la pensée, comme le disait Platon, qui reste autonome, peut-être motivée par un besoin de justice ou de modération et pourra, espérons-le, éclairer Homo Sapiens sur les routes de l'immortalité.

C'est ce souci qui a conduit son exercice d'enseignante, mais elle est forcée de tirer les amères conclusions qui s'imposent à elle : on peut apprendre aux enfants les chemins de l'élévation, mais ils ne les empruntent que s'ils sont entourés d'adultes qui les arpentent aussi dans un monde où ces chemins mènent quelque part.

L'école ne peut pas tout.

Elle sème des graines, mais c'est à la société de les arroser, de les accompagner dans leur croissance et d'en récolter les fruits.

Or, leurs sociétés ne sont arpentées que par des cow-boys qui piétinent les jeunes pousses prometteuses pour ne laisser se développer que les ronces les plus acérées.

Elle a vu tant de regards d'enfants illuminés d'étoiles, et tant de ces enfants sont devenus de grandes personnes responsables aux yeux ternes et aux actes insipides...

Se pose-t-on seulement les bonnes questions ? se demande-t-elle. Comme le pensait Nietzsche, « *l'Homme préfère encore vouloir le rien plutôt que ne rien vouloir* », car le vide laissé par l'arrêt de cette quête frénétique de possession est angoissant, puisqu'il impose de se faire face, de se juger, et le verdict est souvent cruel et douloureux... Si l'Homme ne désire plus, il semble donc qu'il préférera se laisser dépérir. Pourtant, veut-elle croire, il a la capacité de penser, et donc de pouvoir évoluer vers une fin plus digne que celle de certains de ses ancêtres. Et il semblerait aujourd'hui que l'enjeu soit compris et admis, et que ses désirs doivent et puissent enfin être réajustés aux nécessités vitales qui se posent à son espèce après deux siècles de saccage de son environnement — s'il veut survivre, bien sûr. Et, en réalité, quel autre but plus sain pourrions-nous poursuivre, justement, que celui de triompher de nos défauts et de nous sauver ?

Mais, pour autant, la seule monomanie du progrès technologique suffira-t-elle ? Va-t-on pouvoir dépêcher l'intelligence artificielle au Pôle Nord et au Pôle Sud pour refroidir les restes d'icebergs et ainsi éviter la poursuite de la montée des eaux ? La pense-t-on capable de sauver le reste des animaux vivant dans un espace de plus en plus étriqué sur les banquises, et qui ne vont pas pouvoir survivre sans nourriture ni habitat naturel, car la fonte des glaces les achève sous nos yeux et par notre main ? Et que dire des forêts et des océans, des prairies et des montagnes ? Quel espoir peut-on placer en l'intelligence artificielle ? Remplacera-t-elle l'être humain dans les tâches les plus difficiles, puisque l'Homme échoue lorsqu'il est en situation de stress ou lorsqu'il est laissé sans garde-fous ? La priorité retenue par les Hommes sera-t-elle le besoin de protéger les êtres humains et la planète ou de satisfaire d'autres désirs incertains pour jouir avec toujours plus d'inconséquence de la puissance certaine de l'Homme ?

Les projets technologiques accomplis, malheureusement, ne prévoient rien d'aussi positif pour faire face à l'urgence des problèmes actuels. On se berce d'abord de l'illusion que l'on réussira, mais sans mesurer réellement les conséquences de l'utilisation des développements technologiques et de leurs effets sur la planète. De plus, elle est loin l'époque où l'intelligence artificielle nous demandera des comptes sur le nombre de sans domicile fixe mourant de faim dans les rues ou le nombre d'habitats précaires dans un pays. Il serait aussi difficile d'imaginer que cette machine dotée d'une pseudo-conscience pourrait sévèrement réprimander l'Homme et le sanctionner pour avoir manqué à un quelconque aspect des Droits de l'Homme. Non, l'intelligence artificielle n'est pas développée pour servir l'intérêt de notre survie. Pour cela, il faudrait d'abord s'apercevoir que chaque être humain n'a toujours pas la possibilité de fraterniser avec son prochain faute d'un système permettant réellement la compréhension mutuelle et la solidarité par l'empathie.

Pourtant, cet idéal que représente une civilisation humaine aussi développée ne serait pas non plus impossible, pense Ella. Si seulement on aspirait à vouloir s'en sortir sans éliminer son voisin ni détruire la planète... Car il semblerait, en tout et pour tout, qu'il faudrait surtout produire de façon raisonnable sans espérer que l'intelligence artificielle accomplisse des miracles que nous ne sommes pas prêts à accueillir.

En attendant, et faute de nous remettre nous-mêmes en cause à chaque acte de notre quotidien, nos habitudes dictent les tragiques conséquences à venir. En effet, un caddie de courses est déjà un concentré de puissance bienfaitrice ou nocive en fonction de ce qu'on y entasse, puisque chaque produit enrichit son producteur en validant son modèle économique : enrichissez l'agriculteur local, et il vivra heureux en soignant son exploitation ; enrichissez l'actionnaire lointain, et d'autres viendront vampiriser les bénéfices de l'entreprise pour étouffer dans l'œuf salariés, ressources et avenir.

Désespérant de voir à quel point le pouvoir d'agir est entre les mains de chacun, et à quel point le matraquage publicitaire et médiatique dépossède et déresponsabilise l'individu de sa conscience, de son libre arbitre, de sa citoyenneté heureuse, enfin, et donc de son espoir !

Non, décidément, cet enthousiasme pour l'intelligence artificielle et les innovations qui parasitent l'intelligence humaine en flattant son égoïsme matérialiste déplaisent à Ella.

En revanche, se dit-elle, une invention qui serait utile à l'Homme serait une technologie capable de pallier son manque d'empathie et de satisfaire ses besoins profondément épanouissants avant que des désirs trop matérialistes ne les supplantent et ne rendent les humains indisponibles au progrès intellectuel et culturel. En effet, puisqu'il apparaît clairement que les technologies déjà inventées ne suffisent pas, qu'il faut encore plus et toujours plus de richesse à l'Homme, et que son bonheur et son avenir s'éloignent ainsi sans cesse de son quotidien, il est temps de rassembler et de concentrer les technologies actuelles sur l'essentiel : élever l'Homme et combattre le dérèglement climatique et environnemental pour protéger les civilisations humaines en évitant la destruction des écosystèmes dont elles dépendent.

Elle s'exalte, comme presque tous les soirs, mais cette euphorie s'achève comme tous les soirs dans la tristesse mélancolique de sa solitude de vieille, trop vieille pour ce monde qui se marche sur la tête, tellement vieille certains soirs qu'elle a le sentiment qu'elle devrait déjà être morte, qu'elle n'a plus sa place, qu'elle a fait son temps et échoué.

Qu'elle est déjà morte.

Parce que, en attendant cette révolution technologique vertueuse, toute la compétence ingénieuse de l'Homme est pour l'instant dévolue au développement d'une industrie vaine et destructrice au service d'une finance stérile et prédatrice, et les dégâts engendrés ne vont pas disparaître par magie. Les humains ne sont pas supérieurs à la nature, mais tout à fait fragiles et mortels, pense Ella. Et l'intelligence artificielle ne pourra pas toujours les bercer d'illusions comme les enfants irresponsables qu'ils sont dans l'infinité des caprices qu'ils s'autorisent. Ces êtres en manque de gloire et de reconnaissance, et qui n'accomplissent au final que la destruction de leur propre espèce et du monde qui l'abrite.

Il fait nuit, désormais, et la Lune décroissante laisse apparaître une infinité d'étoiles. Ces phares dans la nuit des temps auxquels les Hommes se sont dirigé, ces lumières parmi lesquelles ils guettent encore le signe d'un protecteur toujours absent, d'une solution à leurs impasses, d'un nouveau monde qu'ils puissent ravager sans avoir à se préoccuper de changer leurs petites habitudes mesquines.

C'est généralement l'heure où elle rentre se coucher, s'accordant un comprimé qui l'aide à couper court à ses idées noires pour sombrer dans un sommeil sans rêves, et donc sans cauchemars. En montant l'escalier, ses pensées continuent de se heurter.

Admettons que la multiplication des poisons dont on sature l'air, l'eau et la terre dont on se nourrit ne les extermine pas, et que l'évolution des techniques médicales permette peut-être de vivre plus longtemps : ne serait-ce pas un comble que le reste de l'humanité, la faune et la flore, en dépérissent, entraînant la disparition du monde tel qu'il est au profit d'une Terre plus hostile, plus dure et moins belle ? Ne serait-on pas capables, avant de créer, de faire le constat que nos actions vont certainement affecter d'une manière ou d'une autre le reste de la planète ?

Ella laisse échapper un rire grinçant au souvenir fugace de cette grande conférence que Paris a animée dans son enfance, où les experts les ont urgemment pressés de limiter le réchauffement climatique planétaire sous la barre des 1,5° Celsius par rapport à la période préindustrielle. À trop vouloir se développer et s'enrichir, être le meilleur et le plus intelligent, l'équilibre s'était rompu. Les humains en étaient alors déjà malades, violents, dépressifs, se suicidant pour échapper aux pressions qu'ils s'infligeaient quand certains ne cherchaient pas à détruire les autres, par prudence, avant que ces autres, ces concurrents, n'aient l'envie et l'occasion de les détruire eux-mêmes.

Comme son mari.

Ceux considérés comme les plus forts, eux, s'en sont sortis et s'en sortiront toujours, pense Ella, mais à quel prix, puisqu'ils montrent ainsi ce qu'il ne faut pas faire et nous guident vers le néant ?

Quand le climat a commencé à changer plus durement en Europe, repense-t-elle en se brossant les dents, il était déjà trop tard : les pays du Sud avaient déjà été ravagés par les guerres de la faim et de la soif, et leurs réfugiés tambourinaient vainement aux portes de l'Europe qui, armée jusqu'aux dents, laissait répondre les fusils et se noyer en masse les désespérés. La technologie, pour protéger les consciences et la sécurité des Occidentaux, propageait une mort aseptisée loin des regards et des écrans de la dignité publique. Il n'y avait plus de greniers à grain, plus de partenaires : seulement d'autres naufragés d'une humanité exsangue. Les campagnes se sont vidées, partant à l'assaut des mégalopoles où se concentraient les rations humanitaires, mais la promiscuité, par les épidémies et les émeutes, a eu raison de la surpopulation, et les rescapés se sont peu à peu retirés dans les campagnes, cherchant des terres chiches et désormais ingrates, un lopin qu'il a fallu réapprendre à travailler par le temps et la sueur, dans la douleur et l'humilité.

La vieille institutrice, elle, n'a pas quitté sa maison. Son petit potager lui suffisait déjà et, malgré des récoltes amaigries, elle tient encore, faute d'appétit.

Ses voisins, en revanche, sont partis. Et elle n'a plus eu de nouvelles d'eux. Elle espère qu'ils s'en sont sortis.

Elle retient un sanglot en repensant aux enfants qu'elle a vus grandir et qui, sans doute, sont pour la plupart morts quelque part.

Elle s'installe dans son lit. Elle n'a plus grand-chose, mais lire quelques pages avant de dormir demeure son rituel, son plaisir, son refuge.

Tant qu'elle a des livres.
D'ailleurs, Ella continue sa lecture.
« ... *Dans cette vie, on se traîne, sans grandeur et en endurant beaucoup de peines. Les jours passent, on se ressasse, on se rapetisse, et le temps nous tracasse pendant que l'on trépasse. On se demande quel est notre rôle sur cette planète, pourquoi l'on vit et à quoi l'on sert. Et, ce faisant, on cherche ailleurs des réponses qui gisent en nous et attendent qu'on les cueille, qu'on s'en empare et les incarne.*

Même si rien n'est gravé dans la pierre, on le sait : on l'a fait. L'Histoire des humains se déroule sans fin et se répète à travers les siècles, plantant à chaque fois en nous ses graines de raison et ses discordances. Elles poussent ensemble, se ressemblent et s'emmêlent, s'entretiennent puis s'entretuent. L'évolution est lente à travers les siècles ; un ou deux génies par génération vont marquer les esprits, mais la fleur d'arrogance s'épanouit davantage que celle de l'intelligence, ombrant la réflexion de la suffisance passive des certitudes creuses.

La lutte est si dure contre toutes ces âmes aveuglées par l'envie. Il y a tant de choses à faire, pourtant, qui feraient jaillir partout une lumière bienfaitrice. Si seulement on pouvait l'enseigner sans se faire trucider. Si on pouvait élever l'Homme sans qu'on lui oppose comme un argument indépassable qu'il faut choisir le ventre contre l'esprit dans la hiérarchie des besoins humains ! Si seulement on pouvait choisir l'esprit pour nourrir le ventre, et non le ventre pour dévorer l'esprit. Quelques âmes éclairées suffiraient, qu'on ne leur coupe pas la tête, qu'elles ne se trompent pas ! Et si elles parvenaient à montrer un moment l'exemple, on les suivrait. »

Une idée lui vient soudain, et ses yeux quittent la page. L'idée qui pourrait rétablir l'équilibre. La seule qui pourrait rendre leur peuple heureux, songe-t-elle...

Ella s'interrompt dans ses pensées en croyant entendre au loin une sirène. Elle se lève précipitamment et file vers son salon.

À la radio, la troisième guerre mondiale est déclarée.

Chapitre II — La nuit

Ça y est.
Les bombardiers ne sont plus très loin.
Une bouffée de panique la submerge, même si, à contrecœur, elle s'y est un peu préparée. L'évacuation préventive a en effet commencé il y a déjà quelques mois. Il fallait se réfugier dans les montagnes, au nord du pays voisin, allié pour le moment. À l'insu de l'ennemi, les données GPS secrètes des emplacements des camps de survie ont été envoyées par texto, au dernier moment, par l'ONU. Ils savaient déjà grâce à cette technologie où se trouvaient les habitants ; ils prouvaient enfin l'utilité concrète d'un tel système de surveillance : téléguider un exode. Quel privilège de payer un forfait téléphonique ! ironise Ella, sachant pertinemment que nombre de marginaux, eux, devront faire sans. Elle a pour sa part ignoré le message qui lui était destiné le mois dernier, ainsi que le rappel, il y a une semaine. Elle n'y a pas cru, au début, même si ses amis l'ont suppliée de les suivre.
Elle aurait dû s'en douter, pourtant.
Un à un, ses élèves ont déserté les bancs de l'école ; consciencieuse, elle a jusqu'à la fin du trimestre exercé son devoir : celui d'enseigner pour permettre aux enfants qui lui avaient été confiés de mieux réussir dans la vie. Il n'était surtout pas question que le dernier de ses élèves ne sache pas écrire !
Ella pensait que les êtres humains avaient développé assez d'intelligence pour ne plus vouloir s'entretuer... Encore un chef d'État qui n'a pas compris qu'il ne sera jamais un héros en voulant s'approprier les biens d'autrui. Va-t-il falloir la fin du

monde pour que l'on s'en aperçoive ? Ce sera trop tard pour que ça en vaille toujours la peine !

Ella fulmine.

Ces dernières années, l'OTAN a tout de même réussi à encadrer l'utilisation de l'arme nucléaire, se sont-ils tous rassurés, alors, soulagés que l'épée de Damoclès suprême cesse de vaciller au-dessus de leurs têtes. Le processus a cependant été long pour convaincre la plupart des chefs d'État que, pour se montrer dignes des sacrifices et combats liés aux erreurs du passé, il est préférable d'en contrôler l'utilisation. Le système ne peut plus désormais être activé qu'en cas de menace externe à l'atmosphère terrestre, et seulement avec l'autorité de tous les dirigeants concernés. Les progrès du système informatique permettent à présent sa mise en route uniquement de façon simultanée, d'un commun accord concerté entre tous les représentants de l'humanité. Et heureusement ! pense Ella. On a enfin appris que, pour travailler ensemble, il faut d'abord trouver le moyen de se faire confiance.

Mais le risque de l'existence clandestine d'un armement nucléaire concurrent, lui, ne peut être exclu.

Ella essaie de se concentrer et de rassembler ses affaires, mais elle n'y arrive pas. Elle rage ! Elle a envie de faire trembler les murs à en réveiller les morts tant elle ne veut pas admettre la stupidité de l'être humain ! Ce chef d'État instigateur du conflit sera responsable des millions de morts qui viendront hanter les mémoires comme une honte et un traumatisme indélébiles, et il sera haï pour le reste des temps, du moins jusqu'au prochain tyran meurtrier !

S'il y a seulement des survivants.

De plus, il blâmera certainement l'étranger pour justifier ses propres faiblesses. C'est à se dire que l'on n'en a jamais assez de vouloir conquérir et de vouloir posséder ce qui ne nous revient pas ! Il y a tout de même de quoi hurler toute la nuit ! Et l'État, corrompu ou incompétent, est toujours dépassé par les problèmes écologiques : toutes les taxes pesant sur les populations ont été augmentées de façon astronomique en laissant tranquilles les profits des plus riches, les salaires ne progressent plus depuis des décennies, et l'on surproduit toujours à en détruire la planète… Va-t-on réellement pouvoir survivre ?

Et, en plus, les retraites ne seront plus que l'esquisse d'une illusion de récompense pour une vie de labeur, car le montant ne va pas nous suffire. On aura payé toutes ces taxes pour pas grand-chose, au final, peste Ella en essayant de choisir ce qu'elle doit éliminer pour que sa valise ferme.

Mais comment accepter que ce qui fait notre vie, que ce qu'on a patiemment construit à la sueur de notre front, que ce qu'on a aimé, doit nous être arraché ? Chaque accessoire anodin de sa vie, à l'aube de son abandon, devient un trophée qu'il lui est douloureux de laisser derrière elle. Un précieux souvenir s'attache à chaque objet, à chaque pièce, à chaque détail de ce foyer qui a abrité ses plus belles années.

Mais de quoi sommes-nous donc si fiers ? s'indigne Ella en jetant rageusement sa robe de mariée pour faire une place à un cadre photo, des larmes roulant lentement sur ses joues grises. Car, maintenant, si l'on se doit de survivre à ce conflit absurde et cruel, bien sûr, marmonne Ella, il faudra surtout réparer pour que nos efforts ne soient pas vains : la Terre ne nous supporte plus. Par son réchauffement climatique, elle est en train de nous étouffer, de nous noyer, de nous empoisonner, de nous assoiffer — elle nous vomit. Ses soubresauts sont atroces et terribles : tant d'animaux ont déjà disparu ou presque à force de détruire et envahir leur habitat pour les besoins de notre développement sans fin, sans but et sans sagesse ! Les océans sont devenus des cimetières, l'air un gaz quasi toxique, et la terre ne porte plus que des fruits rares et insipides qui peinent à nous nourrir. Et partout l'injustice, la violence et la pauvreté !

Ella se laisse tomber sur le rebord du matelas, serrant contre elle l'oreiller de son mari, qu'elle ne s'est jamais résolue à ôter de leur lit, écrasée par le sentiment de ce gâchis immonde et désespérant qu'on aurait pourtant tellement pu éviter !

Elle se balance doucement en guettant par la fenêtre le chant éteint de la chouette, le concert oublié des grillons, le vol disparu de la chauve-souris.

Mais il n'y a plus rien.

Il y a soixante ans, quand des associations connues et respectées comme le WWF ont publié qu'en l'espace d'une quarantaine d'années soixante pour cent de la population des quatre mille cinq cents espèces étudiées s'étaient éteintes, que plusieurs milliers d'insectes avaient déjà disparu, et qu'un tiers des amphibiens faisaient partie des espèces menacées, on a été nombreux à croire que ces chiffres si énormes, si incontestables, si horrifiants provoqueraient un choc de conscience... Mais cela n'a pas suffi à faire réagir les citoyens, dont les consciences étaient engluées dans une passivité résignée, prises entre le marteau de la publicité et l'enclume de la peur de la crise.

Désormais, on ne les répertorie même plus, déplore-t-elle, et peut-être se sont-elles depuis complètement éteintes… Plus d'argent disponible pour la moindre association de protection de l'environnement : les lobbies de l'industrie et la précarisation massive des populations ont asséché les mannes de la générosité et de la solidarité. Et la hausse du niveau des mers, la désertification et les catastrophes naturelles nous menacent de partout, ne nous laissant plus le moindre répit pour réfléchir, nous unir, prévoir. L'humanité n'est plus qu'un troupeau à la dérive fuyant devant les éléments déchaînés et piétinant les plus faibles.

Et maintenant la guerre ?

Quand donc cela s'arrêtera-t-il ?

Il lui faut partir, elle le sait, mais le passage à l'acte lui semble insurmontable. Ella doit enseigner. C'est tout ce qui lui reste. Mais ses élèves sont partis, évidemment, et sa mission n'a plus de sens, faute d'avenir. Même sa fille est partie avec ses enfants, et même son bébé à naître, et leur dispute a été sévère quand Ella a refusé de les accompagner pour prendre soin des derniers enfants de cette lande bretonne de plus en plus désolée — et elle n'a plus de nouvelles d'eux depuis des semaines. Tout ce qui fait sa vie est ici, dans cette maison. Si elle part, elle sait qu'elle ne reviendra pas. Et elle ignore jusqu'où sa fuite la mènera. Si elle la mène seulement quelque part...

Ce sera nous, les immigrés, cette fois-ci, pense ironiquement Ella en se souvenant de l'accueil que les pays d'Europe et d'Amérique du Nord — toujours les blancs ! — ont fait à ces millions d'hommes, de femmes et d'enfants qui fuyaient le désert et la guerre. À l'époque, Ella se souvient des flambées de haine, des invectives immondes qui couraient dans les esprits, sur les lèvres, dans les médias et sur les réseaux sociaux, des relents d'un passé nauséabond où l'humanité s'était déchirée et avait fait la démonstration de ce qu'il y a de plus méprisable et répugnant chez elle. On avait à nouveau dressé des murs ; on les avait hérissés de barbelés, de fusils, et la portée des armes avait permis de ne pas entendre les cris et les pleurs des noyés, de ne pas voir les images de cadavres flottants ou mutilés, qui se sont peu à peu banalisées, puis effacées devant des préoccupations plus bassement matérielles au fur et à mesure que décroissaient les rendements agricoles et que les prix s'envolaient.

Et, maintenant que c'est à son tour de mettre la route de

l'exil sous ses pieds devant la violence et le danger de mort, Ella se demande de quelle façon on va les accueillir. Elle doute de trouver chez leurs voisins le secours espéré. Et elle ne leur en veut pas vraiment : après tout, ses propres ancêtres n'ont pas agi différemment.

La nuit est tombée, à présent. Ella a fermé sa valise. Ses yeux sont secs et rougis. Elle a fermé la porte sur sa vie passée. Elle a laissé la clef, n'a pas verrouillé.

À quoi bon ?

Installée derrière le volant, elle se répète les consignes insensées reçues avec la convocation : faire la route de nuit, sans les feux, à la seule lueur des étoiles ou de la lune, afin de ne pas offrir une cible trop facile à l'ennemi.

À l'ennemi ?

Sûrement de pauvres types, des enfants, à qui on a bourré le crâne d'héroïsme facile et de haines prémâchées et absurdes ! Elle secoue la tête, hurle en frappant le volant. Son impuissance n'en finit plus de l'insupporter, mais sa colère finit par céder la place à une grande lassitude, et elle met le contact.

Ella rentre le code secret d'activation qui lui a été donné dans son GPS — quinze heures et quarante-sept minutes de route avant de pouvoir découvrir ce qui l'attend. Ce qui les attend tous, eux, ces nouveaux réfugiés dont les pères et les mères les ont condamnés à l'errance, et sans doute à la mort.

Rapide, avec un peu de chance et de miséricorde.

La carte routière n'apparaît pas sur l'instrument de navigation : il faut écouter et obéir, s'en remettre à cette machine pour arriver à bon port. Un long voyage s'annonce donc, avec pour seule compagnie cette voix désincarnée aux ordres secs et décisifs — mais ce n'est pas comme si elle avait le choix, après tout. Des personnes plus qualifiées ont réfléchi, planifié et organisé l'évacuation des millions de civils à mettre en sûreté et, à son âge et vu son parcours, il y a peu de chances qu'elle puisse survivre longtemps sur les routes. Une fois dans le camp, elle sera en sécurité, et d'autres s'occuperont au mieux de sa situation.

Mais elle ignore si elle y retrouvera sa fille, ses deux enfants, son bébé ou quiconque qu'elle ait connu : il y est interdit d'utiliser les téléphones portables, au cas où l'ennemi pourrait pirater le signal satellite qu'ils émettent. Ella ne perd pas l'espoir de pouvoir un jour rejoindre sa fille et ses petits enfants : étant enceinte, elle s'est rendue dans un centre plus adapté à son état. Ella pense que Julia sera un peu plus au nord-est. Et c'est sa direction. De la savoir plus proche la rassure.

Tandis que les ombres du paysage s'enfuient sur son passage dans la faible lueur tombant des cieux noircis, elle réfléchit au petit boîtier qui connaît sa position et son itinéraire, et qui est son sauf-conduit autant que le dernier élément qui la relie à ses congénères, alliés comme hostiles. Pour protéger leurs concitoyens, les gouvernements se sont équipés de leurs propres satellites nationaux et ont codé notamment les données GPS. Ainsi, a priori, l'ennemi ne peut programmer ses projectiles en se basant sur un vol d'informations.

A priori.

Son GPS a récemment fait une mise à jour qui a achevé de la convaincre de partir : l'option signaler un ennemi. Avec elle, on peut signaler à l'État-major toute intrusion, toute présence suspecte. Les instructions ne disent toutefois pas si l'armée va intervenir pour secourir le lanceur d'alerte… Dans le cas où l'ennemi serait rencontré, il n'y a qu'un simple bouton à presser, et la position est immédiatement communiquée à l'armée, et la destination automatiquement effacée. On leur a bien répété qu'il est important de communiquer ces informations afin d'assurer sa sécurité et de contribuer à celle des autres.

En attendant la terrible rencontre qui mettra un terme à ses doutes comme à ses espoirs, Ella reste en relation permanente avec le satellite national de surveillance pour permettre de calculer la route la plus sûre. Le développement de la science aura servi à nous protéger en cas de guerre, pense-t-elle, comme si l'être humain avait déjà inconsciemment prédit sa propre fin, puisque sa nature ne paraît pas devoir lui permettre d'agir différemment de ses comportements autodestructeurs, quand bien même il aurait conscience des conséquences de ses actes.

Voir le mur, prévoir le mur, calculer le moment de l'impact avec le mur, mais ne pas ralentir, ne pas dévier, ne pas éviter ce mur. Voilà toute l'absurdité de cette espèce à haut potentiel, mais sans volonté.

Chaque GPS reçoit des instructions différentes qui ne doivent pas être révélées aux ennemis. Contrôlé à distance par le satellite, son navigateur est susceptible de modifier n'importe quand son itinéraire comme sa destination. Et Ella n'y peut rien. À part essayer de ne pas y songer.

Elle ignore ce qui l'attend, mais il n'y a pas d'alternative. Connaissant les capacités des politiques à protéger leurs arrières sans penser à l'intérêt collectif, elle n'est pas optimiste quant à l'organisation de ces refuges. En fonction des pots-de-vin versés, des lobbies ou amitiés suspectes dans les hautes sphères, les refuges pourraient tout aussi bien être équipés en série de systèmes parfaitement inutiles et coûteux payés avec les derniers deniers publics. Heureusement que l'État n'a pas passé de partenariat avec une multinationale spécialisée dans l'aéronautique, ironise Ella. On aurait livré sur argent collectif des astronefs à la pointe et sans formation pour l'évacuation, et il y aurait eu beaucoup de crashs !

Cette croyance en la technologie, et cet appât du gain.

Si la Nasa avait découvert une autre planète habitable, on

n'aurait même pas cherché à sauver ce qui pouvait l'être ici : on aurait directement filé à travers l'espace saccager ce nouvel astre. D'ailleurs, notre main ancestrale de chasseur-cueilleur s'est déjà étendue sur la planète Mars par le biais d'un petit robot multifonctions dans le but d'explorer ce que l'on pourrait s'approprier pour mieux s'enrichir. Ella rit nerveusement, seule dans l'habitacle. De toute façon, on n'aurait pas pu financer la navette pour s'y rendre, auraient argumenté les politiciens fanatiques d'une rigueur budgétaire qu'ils n'appliquaient qu'aux autres. Il aurait bien fallu se débrouiller autrement.

Et ne presque rien faire, au final, comme ce qui s'est passé.

Les conseils diffusés par l'ONU au début de l'évacuation ont suffi à créer des mouvements de panique, et les assauts ont été nombreux contre les hypermarchés et autres commerces : en plus d'emporter des habits chauds et le nécessaire d'hygiène, des antipyrétiques et autant d'antibiotiques que possible, il leur avait surtout été demandé d'apporter de l'eau et des vivres, mais aussi des bouteilles d'alcool, et tout objet à énergie solaire. Et ce catalogue de survie, loin de tranquilliser les futurs réfugiés, clamait haut et fort la pénurie et, au-delà, la catastrophe humanitaire annoncée, ainsi que les souffrances associées…

Pourtant, tout ceci n'est certainement que précautions, se rassure Ella. Quand on abandonne tout pour reconstruire ailleurs une civilisation, il vaut mieux emporter tout ce qu'on peut. Après tout, l'eau, les conserves, les couvertures, les habits chauds, les médicaments, les livres scolaires, les stylos et les cahiers... Tout cela trouvera sans doute son utilité et ne souffre pas d'une date de péremption. Elle a aussi emporté son livre de philosophie... Sa petite voiture électrique est saturée, encombrée, absolument pleine, mais elle a pourtant le sentiment d'avoir tout abandonné derrière elle.

Elle possède ce petit véhicule depuis avant la naissance de

sa fille, et elle gardait l'espoir de l'échanger dès que possible contre un modèle plus récent avec un moteur à hydrogène ou à air comprimé, technologies qui existent depuis près d'un siècle, mais l'usage n'en a jamais été autorisé — sans doute sous la pression des puissants lobbies des derniers pays exportateurs de pétrole, richissimes, et qui auraient eu trop à perdre. Dommage, regrette Ella avec amertume. On aurait pu réduire les émissions de gaz à effet de serre depuis bien longtemps… À la place, on a préféré sacrifier toutes les civilisations et les générations futures pour protéger quelques grosses fortunes influentes.

Quel gâchis…

Alors, elle a gardé sa petite voiture électrique, se consolant avec l'idée que si le nucléaire va donner de sérieuses sueurs froides aux générations futures, du moins sa réduction d'émissions de CO_2 permettra-t-elle peut-être à la génération suivante de survivre et de trouver des solutions pour leur descendance.

Le mal de tête commence à s'installer à force de froncer les yeux dans la nuit pour rester sur la route. Ella se frotte le visage pour chasser la fatigue qui l'envahit et allume la musique. Dans son chagrin de devoir fuir en pleine nuit comme une criminelle, elle a laissé un silence lourd accompagner ses pensées noires, seulement interrompu par la voix monocorde de l'intelligence artificielle qui la guide vers son avenir — ou vers leur fin.

Même après avoir essuyé deux guerres mondiales, on n'a toujours pas compris que nous sommes notre propre ennemi, conclut Ella, les mains crispées sur son volant.

Chaque génération repasse par les mêmes étapes, les mêmes rêves violents, les mêmes égoïsmes, les mêmes erreurs — les mêmes horreurs. Conquérir et accéder au pouvoir absolu ; écraser et tuer, au besoin, pour y parvenir. Franco, Mussolini, Staline ou Hitler avaient réussi les premiers à endoctriner toute une nation, avec des conséquences désastreuses, puisque le peuple avait chaque fois suivi comme un seul homme ces fous dans leur délire. Et l'histoire s'est répétée, aggravée des progrès des armes et du pouvoir de nuisance de cette espèce si désespérante de bêtise et d'intelligence. Et elle se répète à nouveau. Peut-être pour la dernière fois.

C'est rageant !

On ne peut pourtant pas dire qu'on ne l'a pas vu venir ! Ni qu'on manquait d'informations ou de solutions ! Bon sang ! Depuis les années 1970, les experts multiplient les alertes face aux menaces et déséquilibres grandissants contre les écosystèmes. Mais non. Il était plus intéressant de s'entredéchirer pour un travail mal payé qui permettrait d'acheter le dernier téléphone à la mode. Et quand on s'avisait des problèmes alentour, il était tellement plus facile d'accuser l'étranger et de le haïr, de le pourchasser, plutôt que de remettre en cause ce système inepte et violent, injuste et malsain qui amenait la pauvreté, la précarité et la haine.

Désolant.

Ella se rappelle un de ses cours d'histoire. Elle avait treize ans. Sa classe devait visionner à la télévision une rencontre avec des vétérans de la guerre. Ils ne parlaient que peu entre eux et, même assis, ces héros de leur patrie se tenaient surtout humbles, peu habités par la fierté, mais plutôt par de douloureux souvenirs qui s'agitaient derrière leur regard trouble, que soulignait leur mutisme.

Leurs témoignages leur avaient dépeint la guerre comme une chose effroyable. Ils y avaient été subitement confrontés à la nature bestiale de l'Homme. Celle qui est féroce de cruauté. Amenant ces êtres à faire ce qu'ils n'auraient jamais imaginé pouvoir faire. Mais, dans l'obligation de se défendre, il fallait au moins égaler l'assaillant pour s'en sortir. Elle et ses camarades étaient admiratifs de leur courage, mais eux n'en parlaient qu'à demi-mot, se souvient Ella, et sans fierté ni satisfaction. Larmoyants, leurs voix se brisaient sur les mots qu'ils cherchaient, dans un dernier sursaut de courage pour assurer la transmission d'un message qu'ils auraient eux-mêmes voulu recevoir avant de devoir sacrifier leur âme dans des affrontements aussi barbares que vains. Mais ils ne parvenaient qu'avec difficulté à exprimer pleinement ce que l'activité de l'Homme en temps de guerre représente en ses heures les plus sombres. Ils n'avaient pas réussi à dire avec des mots les atrocités qu'ils avaient subies et perpétrées, mais leurs visages ravagés, leurs corps mutilés, leurs silences traumatisés, leurs gorges nouées et leurs voix fêlées avaient été suffisants pour faire ressentir à leur jeune auditoire la profondeur de leur détresse et la réalité de l'horreur de la guerre. C'est là qu'Ella a compris ce que l'Homme peut, lorsqu'il est ainsi forcé à laisser jaillir l'enfer hors de l'abîme de ses instincts bestiaux, ce côté obscur de l'être humain quand, devenu incontrôlé, il exerce toute sa capacité de destruction sur d'autres êtres vivants.

Les conséquences d'un affrontement entre humains sont manifestement lourdes : il laisse ainsi derrière lui une humanité définitivement mutilée et abandonne les soldats à un tourment inavouable.

Alors on se tait.

Car reconnaître l'inutilité des guerres, reconnaître l'absurdité du sacrifice des militaires et des soldats, reconnaître la vanité de toutes ces souffrances aux durables séquelles, ce serait l'effondrement d'un château de cartes dans lequel les puissants auraient trop à perdre. Pourtant, si on écoute le peuple, si on prête l'oreille à la sourde détresse des soldats fracassés par les combats, on comprend qu'ils pensent, eux, qu'il faut surtout trouver un autre moyen de s'entendre. Mais cette parole pacifique, pacifiste, ces mots de remords, ce désaveu de l'État-major, ils ne sont pas admissibles.

C'est pourquoi le pouvoir répond toujours de la même manière aux objecteurs de conscience, à ceux qui s'autorisent à critiquer, à refuser de tuer l'ennemi désigné ou à mourir pour une cause imposée parce qu'ils se rendent bien compte de l'aberration de la situation : on les fusille. Les déserteurs n'ont pas non plus droit à la parole, et ils sont impitoyablement pourchassés et exterminés pour que leur esprit contestataire n'aille pas se répandre et contaminer le reste de la société d'un esprit critique qui l'empêcherait de demeurer docile. Car les résistants et leurs martyrs marquent sombrement l'Histoire par leurs sacrifices et leur héroïsme, et ils incarnent des exemples ineffaçables pour que l'Homme s'éveille.

« Connais-toi toi-même. »

Sur la route de l'exil, les mots repris par Socrate résonnent encore dans la tête d'Ella. Il suffit de se poser les meilleures questions et l'on avance. En 399 avant Jésus-Christ, au début de la civilisation occidentale, Socrate avait déjà capté l'essence du problème de l'humanité. Ce philosophe savait, pour s'être interrogé sans répit, ce qui constitue le fondement de l'Homme, ce qu'il peut réaliser en raisonnant et en pesant lui-même chacune de ses actions. Il avait déjà compris où résidait sa grandeur, quitte à choisir la mort pour faire valoir cette vérité.

On lui avait d'ailleurs vite demandé de boire du poison, lors de son jugement, pour qu'il se taise, puisqu'il était inacceptable qu'il puisse être plus grand que Dieu. Alors qu'il n'y a pas plus grande puissance que celle de l'esprit, lorsque son intelligence n'a pas été compromise, étriquée, asséchée par les peurs et les résignations lâches.

Des siècles plus tard, on avait reproché à Socrate et aux autres penseurs de ne pas avoir su nous dire comment faire, alors que la réponse a toujours été en nous et présente dans la vie de tous les jours — mais le dire aurait pu être fatal pour le dénonciateur.

L'idée de Platon, qui avait été l'élève de Socrate et son successeur, était de prôner une science faite avant tout d'un questionnement perpétuel dans le but de triompher des faiblesses de notre nature humaine, mais sa certitude et sa discipline n'ont pas pu s'imposer aux puissants de l'époque ni perdurer au-delà de quelques décennies.

En ces temps-là, il devait en effet être difficile de définir le but de cette activité et d'en convaincre les dirigeants, de leur montrer un cheminement différent sans les accuser de faire fausse route, car il s'agissait surtout de leur faire comprendre que le bon droit n'est pas d'usurper le pouvoir par la force ou la ruse, mais bien de faire la preuve qu'ils sont capables d'une science qui doit développer et canaliser la capacité créative de l'Homme vers le Bon et le Beau.

Bien sûr, certains penseurs dénoncent cette activité de philosophie comme de l'art, et non une science, car elle semble procéder, via la pensée, davantage du jugement et de l'imagination subjective d'un individu que d'une raison universelle. Pourtant, la philosophie permet de vérifier et d'aiguiser des concepts au fur et à mesure, en regroupant toutes les informations nécessaires, en les questionnant de façon globale, pour ensuite prendre les meilleures décisions par la confrontation des arguments, ce qui engendre ainsi nécessairement une réflexion continue qui ne peut qu'élever l'âme.

Et ce n'est de toute manière qu'en s'interrogeant que l'on peut évaluer la validité d'un concept ou d'une action. De se demander comment évaluer une idée ou une action et ses futures conséquences ne tient pas plus de la prédiction ésotérique que de la fantaisie irresponsable, mais bien d'une discipline intellectuelle stricte visant à s'appuyer sur le savoir répétitif de l'expérience des points communs et de la connaissance de soi. Par l'étude stricte et rigoureuse de la répétition des actes, des erreurs, des défauts et qualités de l'humanité à travers l'Histoire, on peut déduire des constantes dans notre fonctionnement, et ainsi préjuger de manière probable du devenir de l'Homme. Ce n'est pas de la divination, après tout, mais bien des probabilités.

On ne révèle pas la vérité absolue, certes, mais on l'approche. Et continuer de questionner ses certitudes est le meilleur moyen de s'approcher au plus près de cette vérité, et d'accéder au Bon et au Beau.

Mais réfléchir prend du temps et nécessite de se mettre en retrait de l'action pour observer, analyser, questionner et formuler.

D'où l'éternel décalage temporel entre la situation de crise et la réponse du philosophe, tant les acteurs, pressés par la nécessité ou la tentation de l'action, manquent du temps et de la volonté de penser leurs décisions. Et de là aussi la difficulté de faire intervenir la philosophie dans la résolution de conflits qui ne peuvent être mis à nu dans le moment présent pour en analyser les notions de morale, de vérité, de justice ou de bonté, car ils doivent avant tout faire l'objet d'un traitement urgent afin d'en purger le caractère émotionnel, qui appelle une réponse immédiate pour ne pas céder à la violence, une réaction dont il importe davantage de façonner l'esthétique, la forme, pour la rendre acceptable, que le fond et l'infinité d'alternatives complexes et lourdes de conséquences que chacun s'effraie à entrevoir.

L'efficacité politique ne se nourrit donc pas de sagesse ou de justice, mais bien de vitesse et d'autorité. Car un homme qui pense est un homme qui se redresse et, touchant le ciel de son esprit, il cesse d'avoir besoin qu'on le domine. Il y a donc intérêt pour les puissants à maintenir la frénésie d'une hyperactivité violente et inconséquente afin de garder la maîtrise d'un troupeau qui s'émanciperait bien trop s'il se mêlait de philosophie.

La pensée d'Ella est comme la route : linéaire, assurée, reliant son point de départ et son point d'arrivée suivant un itinéraire bordé, arrêté, qui ne souffre aucun doute à nul carrefour, et si son attention au terrain reste fluctuante, entre fatigue et réflexion, le danger ne se trouve pas à l'extérieur, où la vie ne vient plus faire obstacle aux migrations des derniers survivants de la région, mais bien dans l'esprit de la conductrice, dont les idées s'élancent contre les murs du présent, et la menace est davantage pour Ella de l'ordre de la sédition que de la sortie de route.

Analyser ses erreurs permet en effet de rectifier, voire même de guider l'Homme méthodique vers une fin satisfaisante et digne de ce à quoi il peut prétendre, songe-t-elle. Malgré ça, la raison de l'Homme a abdiqué face à la seule dictature de son avidité de pouvoirs territoriaux et pécuniaires, évoluant ainsi vers l'impasse des batailles, le mur des guerres, le suicide de la destruction des écosystèmes. Ainsi, les humains se sont bâti un mythe héroïque dans lequel, à l'égal des dieux, ils jouent le beau rôle de Tout-Puissants sans voir qu'ils règnent sur un château de cartes tout près de les engloutir dans son effondrement.

Au loin vers le sud, en direction du Mans, une lueur vive attire le regard d'Ella. Les nuages s'embrasent quelques instants sur l'horizon, puis la nuit recouvre tout. Elle frappe le volant, comme si ses coups pouvaient inverser le cours des choses, comme si ce geste avait le pouvoir de la faire arriver, ou revenir à une époque plus heureuse, plus insouciante — du moins où l'on pouvait négliger de se faire du souci sans que le réel vienne vous faucher de ses bombes mortelles.

Les hommes n'apprendront-ils donc jamais des erreurs du passé ?

Oui, les générations se sont suivies et imitées, surpassées uniquement dans l'horreur et la destruction. Même avec la conscience de tout consumer au détriment d'une humanité pourtant jugée fracassée et sur un monde en sursis. Quelques centaines d'années après les révolutions et le siècle des Lumières, la logique reste la même : on a suivi Mussolini, Hitler, Mao Tsé-toung, Saddam Hussein, pour n'en citer que quelques-uns. L'époque de la monarchie, elle, s'est terminée en révolte pour la survie, et cela fait des décennies que l'on avance ainsi à contresens, pense Ella avec un ricanement douloureux. À contresens, mais pourtant malgré tout vers le même but : d'un côté, le peuple se bat contre ses gouvernants pour sa survie, son avenir, et ce faisant il s'empêche de penser à long terme les conditions de son succès, et d'un autre, nos gouvernements cherchent à garantir notre survie, mais causent par appât du gain et enjeux électoralistes plus de souffrances aux peuples que n'en peuvent causer les tyrans.

Et la valeur humaine se dissout dans un discours médiatique lénifiant et une course à la consommation qui dilapide les énergies et les ressources, de même que s'érodent la dignité et les idéaux humanistes, que l'oppression institutionnelle finit d'écraser et anéantir au nom de la loi et de la liberté.

La valeur de la vie — et le poids de la mort, qui en découle — est justifiée désormais par ces uniques dirigeants et leur système mercantile, et l'humanité a comme perdu de son ampleur, de son souffle, pour ne laisser place qu'à un troupeau animé seulement par la réussite financière et le nombre des miséreux écrasés sur son passage.

La richesse d'un pays ne se compte plus au nombre de ses

génies et à la qualité de ses artistes et savants, mais elle se mesure aujourd'hui par le biais du produit intérieur brut. On ne se demande même plus si tout ceci est vraiment l'unique option disponible. C'est tout simplement le résultat du fatalisme de notre nature humaine, dépourvue d'élévation, ou bien c'est que notre aveuglement et notre égoïsme sont les seules causes de notre déchéance.

Pourtant, Platon avait déjà répondu à cette question fondamentale dans son allégorie de la caverne : les hommes doivent avoir les mains libres pour pouvoir se libérer des chaînes de l'instinct et de la duperie des sens, pour s'élever au-dessus de leur condition animale. Et nos puissants se sont toujours bien débrouillés pour que les mains du plus grand nombre soient occupées à travailler jusqu'à épuisement ou enchaînées au fond des prisons, pense Ella.

Une furieuse envie de klaxonner dans la plaine obscure et déserte la démange soudain. Seule la pensée de sa fille et de ses petits-enfants, peut-être à quelques heures de là, retient son geste. Les yeux sur l'asphalte noir, roulant au milieu des deux voies abandonnées, elle se concentre sur les pointillés blancs avec l'impression désagréable d'être la paire de ciseaux des Parques lancée à toute vitesse contre le tissu de la réalité.

Les hommes ont accumulé des trésors de savoir et de technique, et chaque nouvelle génération en hérite sans effort, sans mérite et sans éducation, sans non plus la maturité nécessaire pour en mesurer les coûts et les conséquences. La puissance de l'atome et du vivant, de la destruction et du génie entre les petites mains capricieuses et nerveuses de gamins vicieux et égoïstes. Et, faute d'intelligence, soudain, dans sa toute-puissance, l'humain est devenu impuissant quant à sa propre survie.

La philosophie a conclu au nihilisme en constatant l'inanité de ces millénaires de découvertes et de créations à la lumière des actes humains. Pourtant, Ella a toujours été toute sa vie une disciple d'Épicure, persuadée que le secret du bonheur et le sens de la vie sont dans la jouissance d'une existence sans cesse justifiée par elle-même et la signification qu'on prête nous-mêmes à nos actes.

Et puis il y avait eu les rapports de plus en plus inquiétants du GIEC, les annonces successives des disparitions d'espèces, les catalogues de catastrophes naturelles, les émeutes du pouvoir d'achat et de la faim face au changement climatique et à la baisse des rendements agricoles.

Puis les rumeurs de guerre.

Et, enfin, l'évacuation, avec le départ des derniers membres de sa famille encore en vie et de ses élèves.

Pendant des siècles, on a dénoncé notre nature vindicative, signalant chaque fois avec indignation les limites de ce qui était devenu inacceptable — et déplorant, même. Avant de dépasser l'inacceptable et de creuser plus profond l'ornière de l'irréversible. Chaque époque a atteint des sommets de cruauté et de génie, et réalisé des records dans chaque pays, mais le temps a chaque fois vu ces sinistres exploits surpassés. De quoi perdre foi ou déchaîner des ouragans destructeurs de violence enragée.

Socrate, pour avoir été trop lucide pour son époque, a dû avaler la ciguë ; de façon décalée, les humains de cette hécatombe programmée devront-ils mourir eux aussi pour avoir enfin ouvert les yeux sur les erreurs de leurs gouvernants et aïeux ? En attendant, pour éviter de mériter le même sort que Socrate, ou insuffisamment sages pour atteindre sa totale abnégation, une partie du peuple a résisté sporadiquement pour ne pas finir ainsi aux oubliettes d'une Histoire humaine obsolète. Le mouvement spontané des gilets jaunes en a été un exemple, il y a une quarantaine d'années.

Alors étudiante, Ella a suivi d'un œil lointain ce mouvement qu'on disait minoritaire tout en commentant de manière épique son caractère extraordinaire. Sans leaders, sans organisation interne, des gens s'étaient spontanément ralliés à des mots d'ordre fusant sur les réseaux sociaux : face aux injustices ressenties pendant des décennies, devant des conditions de vie de plus en plus douloureuses et des perspectives d'avenir de plus en plus sombres, une partie des Français, auparavant passifs et soumis, démobilisés et en retrait de la vie politique, s'étaient soulevés avec persistance et colère pour rétablir l'équilibre. Mais ils avaient bien sûr été considérés par certains comme des perturbateurs, des casseurs, et leurs revendications avaient évidemment été éconduites par les politiciens, par bêtise, ignorance ou hypocrisie.

Voire malveillance ?

Comment en effet croire que des personnes si cultivées, si formées aux grandes responsabilités et aux rouages du monde, pourraient ne pas voir, ne pas comprendre, ne pas anticiper ? Ella n'a jamais été complotiste, et elle ne parvient pas non plus à imaginer un gain qui vaille la peine de tout détruire, mais elle n'est pas loin de croire en une stratégie volontaire, tant la cohérence de l'action suicidaire n'a souffert aucun accroc depuis des décennies. Saper les institutions pour les rendre inefficaces dans ses missions de solidarité et, une fois l'ascenseur social enrayé, diviser davantage pour mieux régner via la manipulation médiatique de suffrages comme conditionnés par les commentateurs politiques.

L'hôpital, concentré puis abandonné aux gestionnaires avides de coupes budgétaires, avait abouti au désert médical et à une inégalité d'accès aux soins de plus en plus intolérable. Même chose pour l'école, qu'on avait conduite à son point de rupture pour mieux la laisser s'effondrer dans le mépris de tous. Une partition semblable avait été jouée pour la sécurité sociale et les retraites, les routes, les transports, l'énergie… Le pays en était comme déshérité de plusieurs siècles de cohésion, les miséreux en concurrence pour accéder à des droits auparavant considérés comme fondamentalement naturels et indiscutables.

Mais les financiers, les libéraux et les racistes avaient divisé, sapé, et au final détruit pour que les loups et les requins puissent partout faire leur loi.

Mais pourquoi ? Juste pour se gorger de richesses le temps d'une vie, quitte à condamner sa descendance ? Mais qui serait assez irresponsable, inconséquent et insensible ?

Les lanceurs d'alerte n'ont pourtant pas manqué au fil des ans. Cependant, alors qu'ils ont la volonté de signaler aux dirigeants des dangers mortels pour le bien commun et les hommes, les abus des multinationales ou des effets néfastes de certaines activités décidées par l'État et qui les empêchent de continuer à vivre dignement ou qui menacent leurs conditions de vie, de survie, alors qu'il est question de s'unir, de s'épanouir pour être plus heureux ensemble, ces héros des temps modernes ont été chaque fois trahis, abandonnés, traqués et éliminés pour les profits des puissances obscures de l'argent et du pouvoir. L'augmentation du taux de suicide en a vraisemblablement découlé durant ces mêmes décennies et dans tous les pays : comment espérer une amélioration de son sort quand les pressions économiques, sociales et culturelles deviennent lourdes, implacables, et que l'inégalité confine chacun dans le silence de sa dépression ?

— Attention : virage à droite imminent.

La voix désincarnée du GPS la sort un instant de ces pensées acides qui lui rongent le cœur, mais pour l'y ramener. Oui, on n'a cessé ce grand virage à droite de l'autoritarisme, de la répression, de la sécurisation des plus riches contre les plus pauvres.

Et, au final, face au dérèglement climatique causé par le besoin qu'a l'Homme d'accumuler toujours plus et par sa capacité à nuire à plus grande échelle, mais sans qu'il soit parvenu à s'imposer le moindre garde-fou, la vérité flagrante est désormais que c'est l'extinction de leur peuple qui leur pend au nez, et, en attendant, beaucoup de souffrances cruelles et absurdes.

Aujourd'hui plus qu'hier, on se demande encore quel est le but de notre vie, pense Ella en secouant la tête, désolée comme la lande qu'elle traverse. Pourquoi sommes-nous sur cette planète, et quel est notre rôle en tant qu'être humain ? Y'a-t-il un sens à notre existence ? Avons-nous une place dans l'univers ? On brûle sa vie dans la recherche éperdue d'un bonheur sans cesse changé par un désir hystérique que rien ne peut satisfaire, et on s'épuise à courir après des chimères en oubliant de veiller à ne pas s'autodétruire.

Et, dans cette quête pathétique d'un idéal insaisissable, notre nature prédatrice prend le dessus : nous exerçons notre violence par nos actes, nos paroles, nos complicités lâches et notre passivité égoïste. Face à cette brutalité destructrice, la force contraire du raisonnement n'est toujours pas suffisante pour faire le poids. Donc, nous ne pouvons sortir de cette spirale implacable et frénétique qui nous mène vers notre propre anéantissement individuel, tirant ainsi le reste de l'humanité vers ce péril — et vice-versa.

Nietzche pensait que l'être humain ne voulait pas voir, ni entendre ou parler de la vérité, parce qu'il ne voulait pas que ses illusions soient détruites. Ella revoit les trois singes du mythe, l'aveugle, le sourd et le muet, et elle a un sourire triste en frottant ses yeux secs et rougis par l'épuisement : le singe est descendu de l'arbre, s'est redressé, a inventé des outils, et il achèvera son évolution couché sous la terre, incapable de faire un usage positif de toute sa technologie. Pitoyable.

Révoltant.

On rêve d'un monde de paix, et on se gargarise de cette belle volonté, comme si les grandes déclarations pouvaient compenser l'inaction ou la malfaisance, mais l'on ne peut pas concrétiser ce désir sans effort sur soi et sur le monde. Et on n'a pas le temps de s'attarder sur ces concepts trop grands pour trouver place dans notre quotidien, écrasé par l'éclat et les ombres des babioles qui font de nous des marionnettes, si facilement subjuguées par les apparences des choses et des êtres, si promptes à jalouser et admirer, mais en revanche si fuyantes devant nos propres révolutions à conduire.

On ne voit pas : on est aveugle. Rien n'est plus important que nous-mêmes, certes, puisque nous sommes les acteurs de nos destinées, mais on ne se respecte pas plus qu'on ne respecte les autres et le monde, et on piétine nos potentialités comme notre dignité, accumulant les mesquineries pour collectionner remords et regrets, scrupules et hontes quotidiennes, dans une frénésie de routine complètement tyrannique qui nous fait croire que réussir, c'est posséder. On aura toujours bien le temps de s'interroger, de changer, de se racheter, plus tard, toujours plus tard — et bien trop tard. Au final, donc, on attend sans agir, nous laissant glisser sur la pente de la vie : on ne se rend pas compte qu'on passe à côté de soi, des autres, du monde et du temps qui nous est imparti. Mais le temps nous poursuit et, soudain, le terme de l'existence n'est plus si lointain. Et notre indignité nous ronge alors de nos lâchetés passées, consommant nos dernières forces. Car on le sait et on l'admet enfin : nous sommes si insignifiants que cela nous déplaît. Comme des enfants qu'une vie n'a pas suffi à grandir ni assagir, on va alors prendre la mouche et se vexer.

Si prévisible être humain.

Et on en conclura que c'était de la faute de l'autre, à coup sûr, sans même se demander comment et pourquoi. Même si au fond de soi on connaît la réponse.

Ella soliloque désormais à voix haute et laisse libre cours à la rage qui innerve son corps et ses pensées. De rage, d'ailleurs, elle frappe à nouveau le volant du plat de la main, déclenchant un bref coup de klaxon qui déchire le silence de la nuit. Tétanisée, elle se crispe aux commandes et guette dans le noir la lumière, le mouvement dans les ombres qui trahira la présence de l'ennemi embusqué qui, l'ayant repérée, mettra un terme à ses réflexions de manière douloureuse.

Au bout de longues minutes, elle presse davantage l'accélérateur, qu'elle avait relâché en guettant une présence hostile, et elle détend son esprit. Loin à l'est, elle croit deviner le trait grisâtre du jour nouveau. Elle doit en être à peu près à la moitié de la route. Ce ciel, que la clarté vient séparer des masses sombres de la terre, la ramène à ses pensées tortueuses.

Il va bientôt lui falloir s'arrêter.

Les consignes sont en effet claires : rouler de nuit, feux éteints, pour ne pas être repérée par l'ennemi.

Elle va donc devoir s'arrêter tout le jour.

Et recharger son véhicule, d'ailleurs.

Et attendre. Attendre qu'on la trouve, qu'on la tue, ou bien que la nuit revienne.

Mais pas encore.

À une époque, les cieux abritaient des êtres supérieurs, et l'on préférait se vouer aux Dieux, se rappelle Ella, afin d'y ancrer un sens, un but, une loi, une origine : en ces créatures surnaturelles omnipotentes et omniscientes, les hommes pouvaient retrouver les multiples visages inquiétants du réel et adoucir leur angoisse par une foi dans la possibilité d'amadouer les colères célestes et d'atténuer les rigueurs de l'existence. Pourtant, les cultes avaient eux aussi constitué un champ de bataille pour la brutalité humaine, et les croyants s'étaient partout livré une même concurrence féroce pour l'hégémonie de leur culte : ainsi, les monothéismes avaient écrasé les polythéismes, et le christianisme avait donné naissance à des frères ennemis, qu'ils soient catholiques, orthodoxes ou protestants, qui s'étaient entredévorés pendant des siècles et des siècles, sans pour autant négliger de partir à l'assaut des autres croyants, tels les juifs, puis les musulmans, qui n'ont d'ailleurs pas fait différemment eux-mêmes que de s'entretuer. Des dizaines de religions célébrant un Dieu unique. Des millions d'humains combattant en leur nom dans le but de vivre en paix. Des religions où un Dieu tout-puissant, ce sauveur, ce guide ultime de nos êtres, sauve nos âmes et nous purifie.

Souvent, Ella s'étonne de trouver ses semblables si détestables de bêtise et d'égoïsme, des générations d'imbéciles inertes dont l'ignorante arrogance nous entraîne vers notre perte. Mais, dans chaque enfant, il y a notre innocence perdue et la graine de tous les possibles qui sert partout de phare dans la nuit de nos hésitations. C'est un peu pour que s'élève vers la lumière cette pousse d'humanité qu'on se bat. Alors, parfois, pour trouver la force dans l'adversité, on se tourne vers le ciel.

On sait l'appeler, le prier et le supplier, ce Dieu si tout-puissant, puisqu'il faut bien qu'il soit meilleur que nous pour nous sauver de nous, et puisqu'il existe mille dieux et mille croyances, choisissons tant qu'à faire le meilleur, celui dans lequel on se reconnaîtra un peu, pour peu qu'il reflète notre âme et nourrisse notre espoir en la bienveillance. Mais notre foi n'est rien d'autre que le résultat de notre esprit dérangé, songe Ella. Quoi d'autre, sinon ? On n'aurait pas décimé des peuples au nom de la religion, autrement. Ou bien peut-être nous sommes-nous crus si puissants que l'on a prétendu être Dieu ? Serions-nous encore à une erreur près, après tout, tant qu'il s'agit de régner ?

Le jour est indéniablement là à pousser sur les voiles de la nuit pour les dissiper, et Ella ralentit à l'approche d'une ferme pour se garer dans une grange abandonnée où elle pourra sortir de l'habitacle, faire quelques pas et dormir allongée.

Si elle ne meurt pas de peur dans ce silence surnaturel d'une terre désertée où chaque bruit le plus infime est une menace de mort.

Elle trouve une prise entre deux stalles et branche sa voiture, puis, sans appétit, elle mâche un de ses derniers petits sandwichs, déjà plus très frais dans sa glacière, et le fait glisser d'une rasade d'eau.

Elle ajoute son comprimé relaxant pour s'aider à dormir ; elle a besoin de récupérer.

Elle en avale un second.

Elle hésite à absorber le reste du tube, mais elle repense à Julia et aux petits et se reprend.

Elle s'étend sur un reste de paille et sombre rapidement dans un sommeil sans rêves.

C'est dans un cri de surprise qu'elle se redresse, le cœur battant.

Un bruit.

Un grondement.

Un moteur d'avion.

Elle se tapit derrière la porte du bâtiment pour sonder le ciel.

Dans la lumière crépusculaire — elle a donc dormi tout le jour ? —, une silhouette sombre trace un sillon grisâtre, une balafre dans le ciel mordoré.

La machine de mort s'éloigne.

Ella attend de la voir disparaître au loin, et que le soleil ait basculé derrière l'horizon, puis elle remonte dans sa voiture en silence et redémarre.

    La route est longue et cahoteuse, et la petite Twingo Novo d'Ella peine sur les chemins sinueux des contreforts montagneux. Elle n'a heureusement pas rencontré l'ennemi, et les portions d'itinéraire routier sont calculées au fur et à mesure de sa progression. Elle n'a pas la moindre idée de l'endroit où elle se dirige, sinon qu'elle avance vers le nord. Le GPS ne montre pas de carte. Seule l'esquisse d'une route droite et sans alternative se dessine sur l'écran noir de son appareil. Ella conduit depuis environ douze heures, si elle cumule avec la nuit précédente, s'octroyant à peine quelques pauses craintives et frileuses sur les bords des routes pour se reposer et se ravitailler. Les voies sont désertes, jusque là. Les villages qu'elle a traversés, vidés des âmes qui les ont autrefois peuplés, paraissent irréels : il n'y a plus guère de ressemblance avec la civilisation dans ces tas inertes encombrés de nuit, et c'est tout juste si une voiture abandonnée contre le trottoir, ou bien un reste de linge flottant mollement, oublié au vent, rappelle le fait qu'une vie s'y est récemment tenue.

    Le silence et l'absence de toute présence donnent à Ella le désagréable sentiment d'errer dans un cimetière infini, d'être la dernière survivante d'une planète désolée. Seule la voix de son navigateur vient rompre cette chape angoissante en la faisant sursauter de plus en plus fort. Sa solitude lui tape sur les nerfs, et le sentiment d'être la cible de tireurs embusqués, d'être épiée depuis le noir de l'accotement, la tenaille cruellement et ne la lâche pas.

    Il fait froid et humide, mais la neige n'a pas tenu longtemps. Tant mieux, se dit-elle, un peu consolée de n'avoir pas à conduire dans des conditions plus extrêmes encore. De plus en plus près devant elle, au nord, barrant l'horizon que découpe une aurore grise et encore timide, les hauteurs se dressent avec leurs roches pointues de montagnes sauvages, recouvertes d'une couverture blanche de neige éternelle. Solennelles et larges, les plaines qui se jettent contre ce massif se ravivent sous le soleil nouveau. Dans les fossés du bord de la route s'écoule le restant des pluies et neiges des jours précédents. On aura de l'eau, pense Ella. Une rivière en contrebas du talus pousse ses eaux noires dans ce paysage en clair-obscur. La Lune est encore pleine, ajoutant des touches d'ombres ici et là sur l'herbe aplatie par le poids persistant de sa rosée de glace.

Elle ne reconnaît pas la France. Elle a dû rouler plus vite et plus au nord qu'elle ne le croyait. Cela lui rappelle plutôt le relief de l'Union Scandinave. Elle a en effet passé plusieurs ponts, un peu plus tôt dans la nuit — le détroit danois, peut-être. Ella a accompagné ses élèves en classe de neige dans cette région, il y a une vingtaine d'années, quand la Suède, la Norvège et la Finlande étaient encore indépendantes. Ils y ont étudié leur culture, à l'époque.

Ella se souvient qu'il y a quelques bonnes années ces pays voisins, et notamment le Danemark et la Finlande, ont jugé tout à fait positif d'enseigner l'empathie dans les écoles dès la petite enfance. Après tout, si la stratégie spontanée de l'homme est de vaincre sans se soucier du bien-être d'autrui, on peut et on doit lui inculquer le pouvoir contraire à condition de s'y prendre dès le plus jeune âge. L'idée était de lutter contre le harcèlement et toutes les autres formes de violences entre les individus, et de promouvoir la bienveillance. À plus grande échelle, il y avait bien sûr l'espoir que cela conduirait tous les individus à mieux accepter et respecter autrui en lui attribuant de la valeur plutôt qu'en ayant peur de lui. En changeant le rapport de chacun envers son prochain, on jouerait sur une variable décisive pour le bonheur mondial. En effet, il semble absurde de rêver à un monde de paix si on ne s'en donne pas les moyens. Il paraît évident que la seule chose raisonnable est d'opposer à la tyrannie du profit une force contraire pour rétablir l'équilibre.

Il faut essayer, en tout cas. On n'a pas le choix.

Ella mord dans une pomme. Ce n'est pas qu'elle ait faim, mais manger lui redonne de l'énergie pour lutter contre le sommeil qui alourdit ses paupières. Et puis ça l'occupe. Elle n'a pas le cœur à écouter de la musique. Pas encore. Pas quand tout autour est noir et menaçant. Quand le soleil sera complètement levé, peut-être, et que son regard portera loin à travers l'air limpide et glacial de ce mois de juillet. Alors elle aura peut-être plus le cœur à écouter de la musique. Peut-être même qu'elle chantera, si le son de sa voix, rauque à force de ne plus servir depuis des semaines, ne l'effraie pas.

En attendant, elle mâche sans conviction pour essayer de faire passer la lassitude et l'angoisse. Décidément, elle ne voit pas ce qu'elle fait là, dans ces montagnes. C'est incompréhensible. Mais elle chasse ce souci de sa tête et se replonge dans ses souvenirs du Grand Nord.

Oui, ils avaient misé sur l'action et entrepris de changer leur monde. Ils y croyaient. Et, à bien des égards, ils réussissaient. On est capable d'évoluer — Ella le sait très bien — mais chaque culture est un microcosme qui vient se heurter à ses propres frontières.

S'il est dans la culture de certains pays d'Orient, comme l'Inde ou la Thaïlande, par exemple, de permettre aux hommes d'exprimer leurs sentiments, cela n'a pas fait de leurs voisins des chantres de la solidarité et de l'égalité homme-femme. On les autorise ici à faire le lien par la parole pour pouvoir en dégager une certaine sagesse, celle qui aide au dialogue et au respect d'autrui et, ainsi, même si la corruption fait rempart à grande échelle et paralyse cette graine de synergie, la justice, elle, peut quelquefois échapper à ses geôliers rébarbatifs pour venir enfin soutenir les malheureux contre la violence du monde et leur accorder la protection de son alliée, la considération. De cette façon, quelque chose de bien peut transpirer de l'Homme vers la bête humaine, permettant cette opportunité dont on a besoin pour défendre cet idéal qu'on a en soi afin de le réaliser pour qu'il nous fonde. De cette façon, il peut au moins temporairement incarner ce qu'il pense être juste, puisque basé sur ce qu'il ressent, et irrigue ainsi le champ de ce qui est possible pour l'Homme, puisque l'écoute du message qu'il veut confier entraîne l'empathie, sans laquelle il n'est pas de société possible. Le poids de ses paroles chargées d'émotion peut être entendu, puis discuté.

Cette attitude est d'une grande importance, pense Ella. Car on reconnaît de ce fait que l'être humain a une valeur, une voix, même seul contre tout un peuple. Et cette liberté d'expression essentielle du ressenti évite les non-dits qui dévorent et le ressentiment qui arme les colères, évitant ainsi les guerres civiles, les conflits. Sans que ces peuples plus francs et expressifs soient indemnes de vices et défauts — mais qui n'est pas faillible ? —, ces mœurs ont à défaut l'intérêt de permettre aux citoyens d'évaluer la portée de leurs actes sur autrui, puisque le prochain sortira de l'anonymat de son mutisme prude pour vibrer de l'émotion de l'être sensible et entrer en résonance avec notre humanité, la renforçant au passage.

Dans d'autres cultures, en revanche, d'un point de vue politique, une telle démonstration de sensibilité serait vue comme une faiblesse, un manque de dignité, puisque perte du contrôle de soi. Ella songe aux exemples qu'elle a pu observer, où certaines — car c'étaient souvent des femmes —, mais parfois aussi certains, en poseurs supérieurs, vantaient les grâces d'un homme qui pleure avant de faire l'apologie de la maîtrise et de se jeter dans les bras d'un rustre macho insensible. L'homme et la femme, tous deux captifs de clichés qui les font souffrir et qu'ils perpétuent au lieu de s'en affranchir.

Le quiproquo humain dans toute sa splendeur, où l'on devine le juste, le bon, mais désire le mesquin, le malsain, le conformisme malheureux plutôt que la marginalité heureuse.

Et c'est justement dans ces cultures-là que l'on ne progresse pas, que l'on accumule les frustrations de ce grand écart permanent entre la possibilité de l'élévation par la raison et l'avilissement instinctif et matérialiste des comportements égoïstes du quotidien. L'Homme fort, après tout, n'a besoin de personne. Il ne peut donc pas ou ne veut pas développer sa pensée en s'autorisant à ressentir, gardant ainsi l'autre prisonnier de toute ouverture du fait de cette distance, de cette violence que la bête inflige à son humanité au nom de stéréotypes et de préjugés, laissant ainsi mourir son peuple, malgré toutes les richesses d'un territoire.

Où est la cohérence dans tout ça ? Et la dignité ? Et l'espoir ?

Le pire est que tout cela deviendra, encore une fois, la faute de l'autre, car on ne cherchera pas d'autres solutions et, déchiré par nos contradictions, on optera pour la violence facile contre autrui plutôt que l'introspection douloureuse où l'on contemple ses failles pour se grandir de l'empathie et accéder à la compréhension de soi, à la connaissance de soi, et ainsi nous révéler humains et enfin marcher ensemble vers notre humanité lumineuse.

Ella a remarqué que, le plus souvent, l'État, à cause de son incarnation institutionnalisée, capte pour se mettre en œuvre des techniciens spécialisés. Ces administrateurs hautement qualifiés, parce qu'ils pratiquent des routines rigides et stéréotypées, loin des administrés et de leur individualité sensible, en deviennent des fanatiques sans vision d'ensemble. Dominés par la mission spécifique qu'on leur a confiée, ils sont incapables de remettre en question les choix dictés par une économie qui, à travers le temps, n'est organisée et dirigée que par la volonté de ces puissances de l'argent capables de pousser auprès des dirigeants leurs conseillers permanents. Or, ces hommes et femmes de l'ombre viennent murmurer en continu à l'oreille des dirigeants pour en modifier leur compréhension du monde et altérer leurs convictions : ces lobbies de tout temps ne sont pas motivés par un idéal humaniste ou politique, mais par leur quête spécialisée du profit de leurs commanditaires, outils et acteurs de la cupidité vorace de l'Homme.

Et ces requins de la finance et de l'industrie, pour satisfaire leur appétit insatiable, n'hésitent pas à exploiter toutes les faiblesses du système, leur richesse leur conférant un champ d'action et une puissance d'influence inégalables par les victimes ce cette spoliation. Car c'est bien une spoliation, un jeu truqué, une démocratie de dupes qui permet le mieux cette exploitation de l'Homme par l'Homme en toute impunité et dans le consentement de ceux qui y perdent leur liberté. C'est un leurre que ce discours égalitariste qui nie les inégalités de naissance et de fait que le système perpétue et aggrave.

D'ailleurs, ces politiciens et leurs missionnaires se leurrent eux-mêmes par les discours creux qu'ils répètent jusqu'à l'absurde et qui les mèneront tout autant à leur perte. S'ils croient aller à la facilité, c'est qu'ils n'ont rien compris, qu'ils n'ont aucune idée de l'ampleur du problème à venir : celui de devoir unir les peuples dans la dignité si l'on veut survivre. La population se réveille, veut croire Ella, et elle entend que la bienveillance de la part des politiciens n'est désormais existante que dans leurs paroles — et encore. On ne peut être pour son peuple si on ne le protège pas, si on ne cherche pas à se rendre compte de la profondeur du malaise et des démarches à entreprendre. Ils ne parviennent plus à sauver les apparences. Ils ne peuvent plus cacher qu'ils ne font rien pour y remédier.

Elle pianote nerveusement sur le volant en repensant aux manifestations des gilets jaunes exigeant le référendum d'initiative citoyenne, cet outil démocratique permettant de court-circuiter les représentants du peuple, de les révoquer, et au final de les obliger à représenter le peuple au cas où ils failliraient et perdraient de vue leur mission confiée par les urnes. Car un lobby peut faire pression sur quelques centaines de parlementaires, mais il a des marges de manœuvre bien moins assurées quand des millions de citoyens sont à convaincre. Surtout quand leurs contradicteurs ne gagnent effectivement rien à céder aux riches ce dont on les dépouille un peu plus.

Mais les médias, encore, par complaisance ou myopie d'analyse, n'ont pas su voir au loin derrière l'écran de fumée des déclarations, et leurs discours de liberté idéologique ont étouffé peu à peu la révolte légitime de cette majorité silencieuse réduite à la misère et à des formes modernes d'esclavage au profit d'élites qui y ont encore renforcé leur mainmise sur l'État, les sociétés, les territoires et les pensées.

Ce mécanisme de spoliation et d'érosion des résistances, s'il n'est pas neuf, est néanmoins à long terme une approche déstabilisante pour le pays, car les richesses de la planète doivent nécessairement être exploitées sous la légitimité d'un contrat sociétal par et pour la population, car toute la raison d'être de faire société tient au fait simple et unique que chacun en tire un profit supérieur à ce que serait sa situation s'il devait œuvrer seul. Et c'est ce consentement à déléguer son pouvoir qui rend la gérance par des instances supérieures supportable ; or, les exigences financières des gouvernements sont jugées de plus en plus fantaisistes aux yeux du peuple : la redistribution des gains est devenue de plus en plus inégale à travers ces dernières décennies, et cette injustice de moins en moins contestable envenime la situation et, décuplant la conscience des souffrances du plus grand nombre, attise la colère de la population, qui ne peut plus vivre dignement ni s'aveugler sur la bienveillance et la légitimité de l'autorité de leurs représentants.

Les plus touchés, désespérés par ce combat impossible contre un Goliath surpuissant, se sont suicidés, étouffés peu à peu par les sournoises manœuvres de cette démocrature, cette tyrannie cachée sous le faste des mots creux et des rentes, qui laisse retomber les responsabilités des échecs d'un système pervers et sans pitié sur les épaules trop battues des individus dépossédés de leur capacité d'action, de leur dignité et de leur espoir.

Comme son mari, endetté au point de s'autodétruire.

Son mari qu'elle a tant aimé et aime encore, mais qui a succombé à une infamie sociétale : il s'est fait dévorer par la honte que la société semblait lui renvoyer, puisqu'il était visiblement incapable, en vrai homme de la maison, de subvenir décemment aux besoins de sa famille.

Si seulement elle s'était aperçue de son état dépressif ! se blâme-t-elle.

Mais elle n'a rien vu venir, rien pressenti. Engluée elle-même dans les injonctions culpabilisantes d'une Éducation nationale qui faisait peser sur les enfants toutes les contradictions de la société, les privait d'éducateurs, de psychologues, de professeurs, de matériel, de locaux, de sérénité, enfin. Tout cela dans le même temps que les puissances de l'argent épuisaient la disponibilité et l'équilibre de leurs parents, et que les enseignants étaient sommés de compenser toutes les malfaisances du système, à contre-courant, sans formation et sans moyens, sous peine de faire la démonstration de leur paresse ou de leur malveillance. Elle aussi, se dit-elle en repensant à sa première décennie dans ce métier, avait eu ses périodes de pensées noires.

Et l'étau s'est refermé.

Les travailleurs, à leur tour, pendant ces mêmes dernières décennies, ont vu leurs droits et conditions de vie rognés faute d'avoir résisté suffisamment dans le bras de fer permanent contre les puissants qui jamais ne désarment. Et, sans foncièrement s'en rendre compte, ils blâmaient comme leurs aïeux les personnes en situation précaire et les étrangers, dont la visibilité était plus grande que celle des occupants des parlements et autres tours de verre où les grandes décisions se prennent à leurs dépens, et qui faisaient des boucs émissaires bien plus faciles à appréhender.

De même, les ressources modestes captées par ces miséreux survivant à la marge de ce grand système violent et injuste constituaient un poids financier qui venait agréger toutes les rancœurs de celles et ceux qui manquaient de tout, et ils accusaient bien plus facilement ces malheureux bénéficiaires des minimas sociaux que les grosses fortunes et les sommes astronomiques qu'elles détournaient ou confisquaient aux nations par des montages complexes. Ainsi, à nouveau, c'est la paresse de la réflexion qui permet l'exploitation de l'Homme par l'Homme, et la violence lâche des humains s'exerce toujours plus aisément sur les éléments malades du troupeau que sur ses loups de bergers.

Pourtant, elle en a des souvenirs de débats passionnants et passionnés, enthousiastes et enthousiasmants, où les élèves de ses classes faisaient la démonstration de leur innocence, de leur empathie, de leur solidarité et de leur sens instinctif de la justice ! Mais que se passe-t-il donc entre l'enfance de tous les possibles et l'âge adulte de toutes les redditions amères ? C'est à se tuer de rage !

Ella se redresse sur son siège et allume son poste. Le jour approche, désormais, et la fatigue se fait plus pressante. Mais, surtout, marmonner derrière son volant ne lui suffit plus : elle a besoin d'extérioriser sa colère et, dans la mesure où elle n'a encore sous la main aucun des responsables de cette situation déplorable, il ne lui reste que la musique. Un bon vieux hard rock du début du XXIe siècle sera parfait : dur, vindicatif, puissant, et surtout hurlant. Alors elle hurle, elle crie, elle gueule quelques minutes ses frustrations et ses peurs, sa colère noire et son chagrin, ses haines et ses espoirs. C'est vain, mais c'est bon.

Elle comprend un peu ce culte de la violence qui a dominé notre espèce : quand on est dépossédé par les puissants, comment ne pas chercher un exutoire dans les champs où le défoulement est permis sans conséquence sur soi, ses conditions de vie ou ses proches ? Le sport, les arts, l'acharnement sur les plus faibles, les ennemis désignés. Car chaque époque, chaque régime a ses Juifs, ses Noirs, ses Arabes, ses têtes de Turc que le pouvoir laisse en appât aux indignations du peuple afin d'épuiser les légitimes rages de ceux dont on tire les profits.

Voici la culture qui s'est développée, l'image du monde d'aujourd'hui. Et même si chaque être humain peut exercer ponctuellement son côté humaniste, la notion d'altruisme ne peut pas émerger comme principe recteur des consciences et des politiques tant que l'égoïsme de la bête est sans cesse excité par les chantres de la concurrence, dont les profits dépendent justement des divisions qui leur permettent de s'emparer du pouvoir et de le conserver. Et c'est ce système fou qui amène ainsi tous les pays à des conflits internes permanents causés par ces inégalités ressenties et cette stratégie de diversion et de mise en opposition des groupes de victimes les uns contre les autres, de façon, donc, à ce que la majorité des populations reste sans possibilité d'unité.

Le résultat est que les nations ne sont plus que des bouillons de rancœurs amères où les différences entre miséreux servent de frontières, de murs pour empêcher les convergences, la solidarité, l'unification d'une humanité cohérente et positive.

Au plus grand profit des plus riches qui conservent le gâteau, et au détriment du plus grand nombre qui s'en dispute les miettes au fond du plat vide.

Pourtant, un pays qui doit utiliser cette stratégie n'en est que plus faible, puisqu'il prône la différence de façon négative, instaurant un climat à l'opposé de celui nécessaire à l'éclosion d'un monde serein — mais peut-être est-ce là une confirmation que nos capitaines si compétents ne subissent pas autant qu'ils le prétendent un système dont ils sont pourtant aussi victimes et contre lequel ils disent pourtant lutter...

Chacun se retrouve donc à mener sa bataille de façon individuelle et individualiste, violente, selon ses convictions étriquées et souvent partielles, tronquées, déformées par le prisme de l'égoïsme et des préjugés, tout ça pour tous aspirer au final à cette même vie telle qu'elle devrait être. Ainsi, alors que nous partageons tous intrinsèquement des valeurs et objectifs communs, nous nous affrontons avec un acharnement désespéré d'animaux acculés par la peur et la douleur, et nous nous condamnons par nos efforts contraires et dispersés à l'inertie dans un monde qui se meurt sous la résolution ferme et constante des industriels qui le pillent.

C'est comme ça que la désunion orchestrée des êtres humains nourrit nos sentiments d'insatisfaction et de désintérêt devant la politique en général, et son exercice institutionnel en particulier : si le citoyen redresse un peu la tête et l'oreille en période électorale pour envisager les nécessités de l'action, il se laisse vite aller à retourner à sa routine confortable, faite d'indifférence et de jalousies. D'où la montée aux élections de l'extrême droite, qui flatte l'orgueil des miséreux en les haussant au-dessus d'autres miséreux. L'arrivée de représentants d'extrême droite au second tour des scrutins, voire au pouvoir dans certains pays, a eu des relents inquiétants de début du XXe siècle où montaient en puissance le fascisme et la barbarie.

Et on sait comment tout cet engrenage s'est fini…

Comment tout ça recommence.

Ces dernières décennies, Ella sent bien que ce succès de la haine est davantage l'expression de cette colère générale jusque là pleinement inavouée, et encouragée peu à peu à se décomplexer, mais cette rage légitime prend pour cible d'autres que les coupables de ce système inique : ses victimes les plus injustement et cruellement frappées par cette tyrannie mondiale de l'argent sur les Hommes et le monde. Alors, à force d'éconduire les revendications citoyennes, les dirigeants fragilisent le contrat social et les institutions et, lassant les contestataires, conduisent à une aggravation de la situation, entre ceux qui se résignent et laissent les choses se détériorer plus vite, et ceux qui se radicalisent par désespoir et effroi devant l'avenir, et qui sombrent dans la violence pure après avoir épuisé tous les outils citoyens méprisés par le pouvoir.

La gorge enflammée par son défoulement vocal, les yeux brûlant de fatigue et de larmes gâchées, Ella se force à avaler une gorgée de café froid à même sa thermos. Elle raffermit sa prise sur le volant et se redresse à nouveau pour soulager ses lombaires endolories par le siège qui s'amollit sous son poids après ces interminables heures de conduite.

Qu'avons-nous seulement compris au travers de tous les drames que nos aïeux ont traversés et dont nous chérissons le souvenir ? s'interroge Ella. Que la guerre n'est pas une solution ? Que le rejet d'autrui n'est pas acceptable, et que, pour la prospérité du genre humain, il est nécessaire pour tous les

Hommes d'ouvrir les yeux sur les dommages écologiques causés par notre désunion, qui n'est que le résultat de nos abus individuels et de notre complicité plus ou moins active à ce système ? De tout ça, chaque humain peut témoigner, disserter, pérorer. Mais l'incarner ? Le comprendre ? Faire advenir cette sagesse ? Le rêve d'un monde de paix part en fumée, déplore sombrement Ella en passant à travers une énième ville fantôme. Quel espoir y a-t-il encore pour notre espèce sur cette planète, alors que tout semble déjà tellement perdu ?

Elle éteint la musique, et le silence revient écraser l'habitacle. Elle n'a plus envie de chanter. Plus envie de crier. Plus envie de penser. Elle veut juste parvenir à sa destination, retrouver sa famille, ne plus avoir besoin de réfléchir. Elle est dépassée, lasse. Bien trop vieille, sûrement. Ou alors simplement fatiguée de ce périple à travers les ruines de leur civilisation en déroute. Alors elle roule sans plus rien dire, entendant sans l'écouter le chuintement des pneus sur l'asphalte. Le moteur électrique n'émettant aucun son supplémentaire, elle a l'impression d'être en roue libre dans une descente infinie vers les enfers.

— Vous êtes arrivée à destination.

Elle sursaute à cette voix qu'elle n'attendait plus, surtout sur cette ligne droite au milieu de nulle part.

Ella est arrivée à destination.

Chapitre III — L'aube

Il fait presque jour. Elle a passé les dernières heures à travers un brouillard intérieur qui lui a fait perdre la notion du temps et, les mains crispées et douloureuses, elle se demande comment le jour peut être déjà là.
Elle arrête le moteur de son véhicule. Un vent glacial s'est levé et siffle autour d'elle, des bourrasques venant secouer la petite Twingo Novo. La brume envahit peu à peu la plaine qui l'entoure, rendant hostiles les ombres de la colline en haut de laquelle elle stationne, et conférant au paysage une atmosphère fantastique et inquiétante. Il faut qu'elle attende dix minutes : les directives ont été claires. Enfin, un véhicule s'approche. Ses phares sont éteints, comme les siens. De ce qu'elle peut apercevoir dans la faible lueur qui traverse leur pare-brise, deux hommes d'une soixantaine d'années sont à bord. L'un d'eux descend sa vitre lorsqu'ils arrivent à sa hauteur, et il lui fait signe de rester silencieuse et de les suivre. Ella redémarre. Un frisson d'inquiétude la traverse tandis qu'elle les suit sur la route. Elle songe à la sécurité perdue de sa maison, à la lumière rassurante de sa cheminée où elle aimait tant rester tard le soir pour corriger les devoirs des enfants et lire ses livres préférés. Cette vie est déjà bien loin, songe tristement Ella.
Ils roulent depuis un quart d'heure sur une route sinueuse qui s'élève entre les contreforts montagneux quand ils quittent la voie principale pour un chemin secondaire à travers un plateau encaissé entre deux sommets et semé de champs à l'abandon et de bosquets. Puis ils tournent à nouveau dans un chemin de terre caillouteux qui s'enfonce parmi les sous-bois. Parvenus dans

une clairière à l'orée de la forêt, ses guides se rangent sur le côté, entre des rochers et des buissons, et Ella les imite. En sortant de sa voiture, elle observe les deux hommes chercher quelque chose sous un massif. Ils en sortent un paquet qu'ils déplient — une couverture ? — et étalent sur leur véhicule. Alors elle comprend que la housse grise et bosselée donne au pick-up qu'elle recouvre l'aspect d'un rocher. Ils la rejoignent avec un autre paquet vert sombre.

— Si vous avez des affaires à récupérer, faites-le maintenant avant qu'on cache votre Twingo.

La voix est sourde, chuintante, sans appel. Pas menaçante, mais comme formatée par l'habitude, et c'est ce qui fait résonner dans le silence une impression angoissante de danger.

Ella s'exécute sans répondre.

À la lampe de poche, elle réunit quelques affaires dans un sac à dos ; elle récupérera le reste plus tard. Une fois leurs automobiles camouflées, ils s'enfoncent à travers les arbres en silence. L'entrée du camp s'avère bien camouflée, apparemment.

— Il était temps que vous arriviez, chuchote l'un des deux hommes en regardant vers l'est la ligne d'horizon s'embraser, la voix plus chaleureuse que ne le laissait supposer son air revêche.

— L'idée de quitter ma maison ne m'emballait pas, répond Ella, malgré tout méfiante.

— Je m'appelle Jean, reprend-il, et voici Kaleb. Il ne faut pas rester trop longtemps dehors.

Et il presse le pas.

Entre les branches hautes des conifères fusent çà et là des rayons de clarté qui éclairent leurs pas. Soudain, les deux hommes se figent une fraction de seconde et se tapissent contre un tronc dans l'ombre en faisant signe à Ella de les imiter. Elle obéit et tend l'oreille en scrutant les alentours, galvanisée par une montée d'adrénaline qui efface immédiatement sa fatigue.

Enfin, elle l'entend.

Un grondement lointain qui grandit. Comme le roulement d'un tonnerre qui n'en finirait plus d'enfler, annonciateur d'un orage d'une violence incommensurable.

Pressée contre l'écorce collante et odorante de l'arbre, elle entend avec horreur son souffle rauque et son cœur battre bruyamment à ses oreilles. Elle remarque brusquement que Jean et Kaleb tiennent en main un objet métallique et brillant.

Des armes.

Son sang se glace et sa main se crispe contre le tronc : elle a l'impression de vaciller et que la forêt bouge, tangue et tourne autour d'elle.

Le grondement se fait vrombissement, et elle se bouche les oreilles, ramenée à la seule sensation de la douleur face au bruit qui lui vrille les tympans. Puis le sinistre vacarme décroît, et la menace s'éloigne. Jean et Kaleb rengainent leurs pistolets comme si de rien n'était et reprennent leur progression.

Ella les regarde s'éloigner une seconde, choquée, puis elle s'empresse de les rejoindre.

— Qu'est-ce que c'était ? gémit-elle sourdement à l'adresse de Jean.

— Des avions ennemis.

À leurs ceintures, les armes à feu soulignent sa réponse de leur éclat inquiétant sous la lueur blafarde qui tombe de la canopée. Ella frissonne et retombe dans un silence nerveux. Sans un mot, elle suit les deux hommes de longues minutes sur le terrain accidenté, tentant vainement d'essuyer sur son jean les traces de résine qui collent ses doigts.

Enfin, Kaleb s'arrête entre des rochers dissimulés par des buissons et des arbres, puis il se baisse et soulève avec difficulté la lourde trappe de métal enfoncée dans la terre. Jean, à l'affût, scrute les formes assombries dans la pénombre qui les entoure, à l'écoute de tout bruit anormal.

Kaleb descend en premier, éclairant des marches en métal avec une petite torche qu'il a sortie de sa poche. Ella se faufile à sa suite par la trappe étroite et commence à descendre. Elle arrive à peine à entrevoir l'escalier. La descente est longue — peut être une centaine de marches, estime Ella. Les rampes en fer lui glacent les mains, mais elle n'ose les lâcher de peur de tomber et de se rompre les os. Elle est finalement rassurée par la sensation adhésive de sa main maculée de sève de pin sur la tubulure de métal. Cette progression dans la quasi-obscurité vers les entrailles humides de la terre a quelque chose de terrifiant, et elle doit se faire violence pour poursuivre. Pourtant, il lui semble entendre des éclats de rire, ou de la musique ? Il lui semble même que l'atmosphère s'assèche et se réchauffe peu à peu. Sûrement l'effort après toute cette route sans dormir.

Ella touche enfin de ses pieds un sol cimenté, face à un mur, puis elle se retourne pour observer le couloir sur lequel donne cet accès. À sa surprise, des farandoles de lumières l'éblouissent, couvrant en ribambelle les parois de béton armé hautement voûtées de la caverne souterraine. Le mélange intense des lumières blanches et jaunâtres confère à l'éclairage une apparence solaire qui fait scintiller de mille feux l'espace souterrain, comme s'il était surmonté en plein jour d'un ciel étoilé de pleine nuit d'été accompagné de ses lucioles.

Suspendus de loin en loin au milieu de la vaste pièce, des lustres sphériques projettent leur éclat jusque dans les profondeurs de la cavité.

Ella apprendra plus tard que le système utilisé fonctionne à l'énergie solaire, récupérée en surface par des sphères discrètement disséminées parmi les feuilles, et que ces dispositifs sphériques et translucides sont remplis d'eau de façon à produire de l'énergie par un effet de loupe qui concentre les rayonnements vers de petits capteurs photovoltaïques carrés hautement productifs, qui peuvent transformer l'énergie solaire en électricité, mais aussi en chaleur. Notamment pour chauffer l'eau et l'air.

Le système est intelligent et économe autant qu'écologique. Il est cependant important de dissimuler les sphères pour éviter de se faire remarquer par l'ennemi. Le système peut aussi produire de l'énergie lors des nuits de pleine lune, grâce à un dispositif spécialement conçu pour absorber la lumière de la Lune ou du Soleil. Ce dispositif allemand est connu depuis le début du XXIe siècle, mais il avait été interdit par l'État, car une seule de ces petites sphères ingénieuses aurait pu satisfaire les besoins énergétiques d'une petite maisonnée, et cela aurait trop menacé les industriels du pays et les monopoles des pays exportateurs de pétrole.

Dans le refuge secret, Ella rencontre une foule de gens et d'espaces cloisonnés, où elle est accueillie à bras ouverts, ce qui efface instantanément ses craintes de migrante. Un air de fête domine les lieux malgré le contexte — ou à cause de lui ? —, et de longues tables étincellent de couverts ; les odeurs de cuisine intensifient l'atmosphère joyeuse de son arrivée. Il semble s'être recréé ici un esprit de corps que seule l'adversité extrême peut faire advenir, et Ella se sent soudain étrangement rassérénée. La vie en communauté est riche en diversité culturelle et solidarités, et toutes ces cultures mélangées donnent naissance à un groupe unifié où l'on ne fait plus de différences. Aurions-nous enfin évolué ? se demande-t-elle, les yeux écarquillés sur cette joyeuse pagaille.

Il y a là plusieurs centaines de personnes réunies, peut-être plusieurs milliers, même, et s'y mélangent dans la bonne humeur toutes les générations, tous les styles, toutes les apparences.

Ella repense à l'Arche de Noé : sont-ils les élus ? Les nouvelles et dernières graines de l'humanité future ? Survivront-ils seulement à ce conflit ? Où sont donc passés tous les autres ? s'interroge-t-elle soudain. Sa fille ? Ses petits-enfants, Thomas et Jasmine ? L'enfant que Julia portait ? Ses élèves et leurs familles ? Ses amis ? Elle ne reconnaît aucun visage.

Les a-t-on choisis eux au détriment d'autres ?

Ella se sent soudain très faible, et Kaleb la retient dans sa chute, l'aidant à s'asseoir.

Qui a pu présider une telle sélection ?

Après tout, font-ils vraiment partie des plus méritants ? Elle ne connaît pas les autres survivants présents ici, mais Ella se laisserait bien tenter par l'idée douceureuse qu'on a reconnu enfin ses qualités d'enseignante, même si le doute reste vif. Pour quoi d'autre, sinon, l'avoir fait venir dans un tel endroit ? À quoi bon sauver une vieille femme isolée ? On pouvait évidemment — à condition de s'unir en mettant de côté son individualisme — mettre en commun nos capacités pour construire un nouveau monde sans qu'il soit question de vouloir détruire son prochain, mais ont-ils tous ici fait la démonstration qu'ils ont appris à vivre ensemble avec ce qui fait la richesse de chacun plutôt que pour l'utilité, la performance, la rentabilité de ses actions ?

Ici, semble-t-il, ils sont tous captifs de la terre et, dans le même temps, libres, liés par les événements à un sort qui a confirmé ce qu'ils ont visiblement compris, à les voir festoyer ensemble : l'intérêt de s'unir. Dans cette caverne souterraine, on est tous des migrants, songe Ella, des naufragés, des exilés dépossédés, et pourtant on se propose dans cet espace étonnant les plats les plus exquis ; on a beau avoir peu, on n'en est pas moins généreux. Le monde rêvé, attendu, espéré, ce monde qu'ils ont appelé de leurs vœux, il est advenu en ce lieu improbable où ils semblent enfin en paix, dans l'acceptation de ce que l'on est et de ce que l'on se veut.

Ella contemple émerveillée le ballet souriant des habitants du refuge, chacun dispensant des attentions chaleureuses autour de soi, quels que soient l'âge, le sexe ou la couleur de la peau. La légèreté de pouvoir être sans être jugé.

Chacun semble affairé, et pourtant les regards sont sereins, les sourires sincères. Le travail n'est plus un travail, mais une nécessité très bien acceptée.

Le but n'est plus de faire la démonstration de sa valeur supérieure à celle des autres pour se protéger d'une exclusion, mais de ne plus décevoir l'autre, de lui être agréable pour sa valeur intrinsèque : chacun semble enfin tout à fait capable d'apprécier son voisin.

Et, soudain, elle prend conscience de ce qui est absent sans pour autant manquer, et qui lui laissait un goût d'étrangeté : pas un militaire ne veille, menaçant, cette foule apaisée et solidaire. Aucune forme d'autorité.

Et donc personne pour les défendre.

— Nous sommes environ dix mille réfugiés dans ces souterrains, explique Jean après avoir laissé Ella s'imprégner du miracle des lieux. Il y a d'autres salles comme celle-ci, et il y a des refuges de ce genre un peu partout dans le nord du continent.

Ella acquiesce sans répondre, incapable de concevoir cette multitude enterrée, et surtout face à un paradoxe impossible à résoudre : comment confiner, alimenter et protéger autant de monde sous terre ? Et comment les faire cohabiter ?

Et, question corollaire : où sont sa fille et ses petits-enfants ?

— Je vous présente Anna, reprend Kaleb. Elle va vous expliquer le fonctionnement des lieux et vous aider à vous installer. Nous devons retourner patrouiller.

Et les deux hommes disparaissent dans le couloir obscur qu'ils ont traversé plus tôt tandis qu'une belle jeune femme brune s'approche en souriant pour lui tendre la main. Ella la lui serre, toujours réduite au silence.

— Bonjour ! l'accueille-t-elle d'une voix joyeuse à fort accent slave. Comment vous vous appelez ?

Ramenée à des routines plus normales de politesse et de relations sociales, Ella parvient à se ressaisir et à répondre.

— Bienvenue dans ce refuge, Ella. On l'a rebaptisé Sousbois étoilé pour lui donner plus d'âme, parce que les militaires danois et scandinaves se sont foncièrement opposés à l'idée d'un simple matricule, à la fin des travaux de construction de la caverne. Je vous fais visiter ?

La jeune femme tend une main diaphane à Ella, qui s'en empare pour parvenir à se relever plus aisément avant de la suivre.

— Kaleb, que vous venez de rencontrer, m'a raconté l'histoire, reprend Anna. Les militaires savent que pour la bonne marche des choses, il faut réduire les facteurs de stress. Ils savent que des réfugiés se sentent menacés lorsqu'ils se retrouvent dans un milieu inconnu — et surtout confiné comme ici. Et c'est vrai, lui lance Anna en souriant. À mon arrivée, il y a quelques mois, j'étais très angoissée de me retrouver sous terre. Mais j'ai discuté avec un jeune militaire et d'autres réfugiés déjà installés, et ils étaient tellement heureux de me présenter ce refuge comme un sanctuaire sacré que j'ai vite été à l'aise.

Son regard se perd dans ce souvenir, un sourire flottant sur son visage. Mais elle revient vite à Ella et poursuit son récit.

— L'organisation de la vie de tous les jours est très simple.

Et, tandis qu'ils poursuivent la visite des installations, la vieille enseignante ouvre grand ses yeux et ses oreilles. Le règlement intérieur est ici explicitement basé sur ce que peut apporter l'être humain dans un milieu commun. Les civilités se réduisent au respect d'autrui, à être poli et avenant, et à favoriser l'entraide par le respect et la tolérance. Bref, ce que l'on pratique tous les jours sans vraiment s'en rendre compte, conclut Ella avec l'admiration contente devant la victoire du bon sens. Des listes de tâches quotidiennes à effectuer sont élaborées par nécessité, et les membres de la caverne doivent s'inscrire deux fois par jour en début de chaque semaine. Ainsi, les résidents, hommes et femmes, peuvent choisir, à tour de rôle, de s'occuper de tous les aspects nécessaires à la bonne coordination des actes de la vie quotidienne. Ceci permet aux individus de faire connaissance et de partager équitablement les tâches à réaliser. Souvent, la bonne humeur est de mise, et les éclats de rire témoignent de la bonne volonté des survivants. L'entraide est presque naturelle, et les personnes les plus qualifiées peuvent aussi proposer leurs compétences en vue d'améliorer le déroulement des différentes activités. Certains se dépassent admirablement entre l'accueil des nouveaux arrivants et la production alimentaire.

Il y a une tradition depuis l'arrivée des premiers : chaque âme de cette caverne est représentée par une étoile baptisée à partir de son nom, et qui s'allume sur les parois.

Anna, pour le coup, a des étoiles dans les yeux en lui désignant la voûte étoilée qui les surplombe de ses milliers de points lumineux.

— Je n'ai pas vu de militaires, réplique Ella, qui va peut-être enfin savoir où se trouvent leurs protecteurs.

— Parce qu'il n'y en a pas ici : ils sont assignés à d'autres tâches de coordination avec les autres refuges, et tout le monde suit ainsi plus ou moins le même modèle d'organisation.

La réponse de sa guide la laisse pantelante, déstabilisée, et un sentiment d'abattement monte en elle, comme une enfant qui se rend compte en arrivant chez elle que ses parents sont absents, et qu'elle ignore quand ils reviendront.

Ni s'ils reviendront.

— C'est à nous de donner le meilleur de nous-mêmes, pour que tout le monde se sente bien les uns avec les autres, l'éclaire Anna, posant une main sur son épaule pour tenter de la rassurer face à son air désemparé. Ils ont accueilli les premiers migrants et nous ont bien fait comprendre que cette guerre est absurde, et que, si l'on s'en sort, on va pouvoir recréer un monde nouveau, un environnement basé sur l'échange, le respect et la solidarité, que l'on n'est plus obligés de commettre encore et encore les mêmes erreurs, puisque c'est désormais clair à présent qu'on est dans une impasse.

La vieille enseignante acquiesce devant cet écho à ses propres pensées.

— Ici, donc, c'est déjà ce nouveau monde qui naît. Les militaires s'occupent de la guerre, dehors, et de nous approvisionner, mais nous gérons désormais le complexe sans eux.

Avant de reprendre sur un ton de confidence, elle laisse passer un silence méditatif pendant lequel Ella tente difficilement de reconstituer cet étrange puzzle.

— Je me rappelle d'une discussion que j'ai eue avec l'un des militaires. Il n'aurait certainement pas imaginé se retrouver à notre place. Il se rendait compte que quitter tous nos repères environnementaux et familiaux pour voyager quasiment sans protection est extrêmement difficile et terrifiant. Au son de sa voix, je sais qu'il était profondément désolé de notre sort.

Anna s'assombrit, et Ella comprend à demi-mot.

— Devoir peut-être faire le sacrifice de sa vie de militaire tout en réalisant que l'être humain n'est pas capable à cause de sa bêtise d'assurer sa propre survie doit être un fardeau lourd à porter, s'attriste Ella.

Après un temps de réflexion, Anna s'illumine.

— Ce militaire a un rôle difficile, oui, mais, dans cette caverne, nous sommes tous responsables de notre futur, déclare Anna avec un air de triomphe : nous avons la responsabilité de vivre et de créer ce changement. S'il est mort, conclut-elle avec émotion, ce n'est pas en vain. Nous savons pourquoi nous sommes ici, ce que nous avons perdu et ce qui se joue. Et nous réinventons tous les jours l'humanité. Vous allez vite vous en rendre compte.

Anna a planté ses yeux brillants de larmes contenues dans ceux d'Ella et lui presse les mains. Ella répond à son enthousiasme et lui sourit, troublée à son tour.

Cette petite lui fait penser à sa fille, et cette ressemblance la peine autant qu'elle lui redonne de la force.

Elle approuve d'un hochement de tête admiratif le courage dont Anna fait preuve face à l'adversité, mais surtout cette volonté farouche de transformer cette apocalypse en renaissance.

Un phœnix.

Oui, le monde agonise et brûle, mais de ses cendres peut renaître un autre monde plus juste. Et ces militaires semblent l'avoir compris, qui laissent la caverne en autogestion.

Ella réalise soudain l'ampleur de ce qui est en train de se passer. Ces militaires ont bénéficié de cours d'empathie dès leur plus jeune âge, se souvient Ella. Ils peuvent donc gérer les situations de façon différente, car ils ont compris ce que peuvent accomplir les êtres humains dans les moments les plus critiques. Ils savent d'emblée qu'en réduisant les facteurs nuisant à notre bonne coordination pour la satisfaction de nos besoins fondamentaux, on peut s'unir et travailler vers un même objectif : celui de la survie, et celui de la prospérité des générations futures. Cette responsabilité devait être enseignée, ce qui s'est enfin fait, même si tardivement, et aussi démontrée, ce que s'empressent de faire les militaires et ces réfugiés.

Face à la probable dernière leçon que nous livrent nos erreurs humaines, celle qui nous enseigne le fondement de ce que tout être humain est capable d'accomplir, l'humanité semble enfin à la hauteur de son potentiel. Du moins ces réfugiés qui ont tout perdu.

Comme s'il fallait tout perdre pour pouvoir vraiment reconstruire.

Pourtant, il ne devrait pas y avoir qu'en situation de crise désespérée qu'il faudrait s'en montrer capable ! Ne peut-on pas tout aussi bien veiller au bien-être de chacun pour se préserver les uns les autres du malheur et ainsi éviter ces mêmes futures erreurs et leurs funestes conséquences ? On est capables de le faire, puisqu'elle en est témoin, mais pourquoi doit-on en arriver à un tel gâchis ?

Ella se console à l'idée que ces militaires ont évolué au point de penser par eux-mêmes la déchéance qui se déroule au-dessus de leurs têtes. S'il ne reste plus que quelques survivants après cette guerre, qu'ils soient bons et infaillibles : ceci est le seul souhait de ces derniers héros de l'ancien monde.

Elles sont arrivées sur une sorte de terrasse en surplomb de la cavité principale où se déroule l'essentiel des activités, et elles contemplent en silence la foule mouvante, joyeuse et bigarrée en contrebas.

Ella se détend peu à peu au son des notes de musique qui résonnent contre la roche et font comme une mélodie du renouveau. Celui fêté par les membres de cette caverne, nouvelle humanité engagée vibrant enfin à l'unisson de sa destinée.

La jeune femme laisse échapper un petit rire cristallin qui vient joindre ses notes à celles de la musique de fête qui remplit la caverne, et Ella se sent soudain comme rassérénée, soulagée, parvenant même à lui sourire en retour.

— C'est très joli, en effet, répond-elle avec sincérité.

— Venez, je vais continuer de vous faire visiter ! l'invite Anna en l'entraînant doucement par le bras. Je vais d'abord vous montrer votre chambre pour que vous posiez vos affaires.

Et elles s'avancent à travers la foule de tous ses nouveaux compatriotes, qui lui souhaitent en souriant la bienvenue chaque fois qu'ils la croisent sur leur chemin. Ella, après sa longue route épuisante, a un peu la tête qui tourne, et l'euphorie des lieux ne l'aide pas à reprendre de l'aplomb. Elle s'accroche un peu plus à sa guide.

— Je pense que je vais peut-être plutôt vous laisser vous reposer, hein ? Vous visiterez demain !

— Oui, merci, acquiesce la vieille institutrice, vacillante. J'ai conduit longtemps, et j'ai eu beaucoup d'émotions fortes.

Anna lui presse gentiment le bras et la soutient de sa force et de son gai bavardage.

Anna est une migrante venue d'un pays un peu plus à l'est. Elle est venue ici pour fuir les manœuvres militaires russes qui laissaient présager un conflit imminent, et elle a perdu le contact avec ses proches. Ella pense avec un pincement au cœur aux siens, quelque part, et elle espère qu'ils vont bien.

— C'est possible de communiquer avec les autres abris ? demande-t-elle avec inquiétude, l'espoir vibrant dans sa voix fatiguée.

— Les militaires ont installé des lignes enterrées, oui, mais l'accès n'est pas ouvert aux civils. Vous pourrez adresser une demande au Commandant demain matin, si vous voulez. Il pourra sûrement vous aider à trouver votre fille.

Ella fronce les sourcils, perdue.

— Je croyais qu'il n'y avait pas de commandement militaire, ici...

Anna lui sourit d'un air amusé.

— En effet, mais il y a quand même une sorte de référent, pour la liaison. Il n'exerce pas vraiment d'autorité. Il coordonne surtout le ravitaillement et aide à l'organisation.

Ella hoche la tête, un peu plus sereine : savoir que des militaires sont tout de même joignables a quelque chose de rassurant, quelque part. Elle se concentre sur ses pas pour ne pas se laisser distancer par Anna. Elle a hâte de s'étendre, maintenant.

Enfin, elles atteignent la paroi de la grande caverne, dans laquelle sont creusées d'innombrables niches qu'elle n'avait d'abord pas remarquées, et qui montent sur plusieurs étages desservis par des corniches équipées de rambardes pour ne pas tomber dans l'espace commun. Elles pénètrent dans l'une des alcôves du premier étage, dont l'entrée, sans porte, mais dissimulée par un rideau kaki, est surmontée d'un petit foulard rose à fleurs jaunes cloué dans la pierre.

À l'intérieur, l'espace est exigu et comporte, au-delà d'un petit espace d'entrée de cinq mètres carrés environ, dix alcôves délimitées par des rideaux. Anna soulève le troisième rideau en partant de la droite et lui désigne son lit avec un sourire chaleureux et compatissant :

— Il faut partager les murs, mais le matelas est bien confortable, et le petit rideau vous donnera un peu de sérénité et d'intimité.

Ella la remercie, et Anna ressort pour la laisser s'installer. Elle dépose ses affaires sur son lit simple. Il fait bon dans la caverne : une fine couverture suffira.

Son corps n'aspire qu'à s'étendre et sombrer dans le sommeil, mais son esprit est encore trop saturé d'émotions pour se laisser aller à un repos bien mérité et réparateur. Elle écoute les bruits de fête et les voix de cette foule, accueillant les souvenirs qui remontent, images, sons et parfums d'autres foules, d'autres lieux.

D'autres temps.

Les marchés, les kermesses, les manifestations… Tout ça est si loin, maintenant… Le développement d'Internet et des livraisons à domicile a réussi là où des millénaires de répression ont toujours échoué : isoler chacun chez soi et empêcher les rassemblements contestataires. La consommation est venue à bout des consciences.

Mais ici, à l'abri du soleil, tout semble renaître de ses cendres

Elle observe également la disposition des lieux, profitant de l'absence de ses colocataires pour jeter un œil indiscret derrière les voiles.

Les lits ont été creusés à même la terre, puis recouverts de béton armé, de petites pierres et de ciment, tel un mille-feuille minéral. Les couchages, individuels ou familiaux, sont superposés et peuvent s'étendre sur une hauteur de cinq étages. Certains sont plus profonds que d'autres — ainsi, les couples et les familles ont leurs sections, et les amoureux se voient apparemment octroyer un couchage poétiquement gravé « *lovebirds* ». Sur le côté de chaque paillasse double se trouve d'ailleurs inscrit un nom d'oiseau disparu. Cette mention fait frissonner Ella lorsqu'elle en comprend le sens : chaque lit de couple est patronné par une espèce anéantie par l'Homme, comme un témoignage, un héritage à transmettre aux futurs enfants de l'amour qui naîtront dans ce dernier bastion d'humanité.

Ella découvrira plus tard que toutes ces gravures d'oiseaux et les calligraphies ont été façonnées selon l'inspiration de Julio, l'un des réfugiés du site, un ancien tailleur de pierres italien âgé de soixante-douze ans. Il prend son labeur très au sérieux et s'attire le respect et l'admiration de tous dans ce lieu militaire et fonctionnel où la froideur de la pierre reflétait à leur arrivée la froideur d'un monde minéral hostile à la vie. Grâce à ses efforts, la pierre glacée reprend vie, et ses occupants retrouvent sous terre un peu de ce qu'ils ont perdu — et surtout beaucoup de leur espoir.

Elle découvre pour l'heure avec émotion le travail d'un artiste qui prend en effet un soin infini à faire naître de ses outils les détails infimes de ces oiseaux infortunés dont on a vidé les cieux, se privant ainsi de leur vol gracieux. De cette façon, les beautés du monde résistent un peu à l'oubli grâce à lui. Les enfants l'adorent, évidemment : avec son âme bienveillante et poétique, il nourrit leurs rêves tout comme il berce les langueurs des adultes. Souvent, d'ailleurs, il laisse les enfants dessiner et enjoliver les espaces de vie, tout en leur apprenant à travailler la pierre et en développant leur sensibilité artistique. Par conséquent, les couchages colorés représentent les rêves des enfants à l'abri sous le couvert d'ailes d'oiseaux, agrémentés de fleurs et plantes, d'animaux variés et de papillons lumineux que l'énergie solaire peut ranimer de son éclat.

Et c'est perdue dans la contemplation de ces fresques minérales que le fameux Julio découvre Ella, les doigts parcourant les lignes et méplats de ces œuvres du quotidien, ces garde-fous de l'espoir des naufragés dont ils accompagnent le sommeil. Ella salue le vieux tailleur buriné, qui la scrute de la tête aux pieds en souriant, et elle aperçoit Anna derrière ses épaules voûtées.

— L'institutrice ! s'exclame-t-il enfin après un moment. Pas très grande, mais bien proportionnée, marmonne-t-il en la scrutant. Un regard interrogatif, mais sans peur. Une allure assurément fragile, mais les gestes assurés. Une chevelure contenue et un plumage coloré. Une bergeronnette des ruisseaux ! claironne-t-il. Qu'en dites-vous, Anna ?

La jeune femme rit, et Ella lui sourit.

— Que je vais encore découvrir un oiseau que je ne connaissais pas ! rétorque-t-elle, amusée.

Apparemment, le tailleur n'en est pas à son coup d'essai : il doit faire le même numéro à chaque nouvel arrivant. Dans tous les pays, bien qu'à présent inexistants, les oiseaux n'étaient en effet pas tous les mêmes.

Anna ajoute, taquine :

— Vous finirez par vous surprendre à avoir redonné vie à tous les oiseaux, à ce rythme ! Heureusement, il vous reste encore à en graver de nombreux de mon pays, qui sont tous très beaux, eux aussi. Et il va bien falloir vous diversifier un jour !

— Je n'y manquerai certainement pas, répond Julio sur le même ton, et Ella s'émeut de leur joute légère, qui lui permet de percevoir une familiarité, un lien fort unissant ces deux exilés. Tous les oiseaux ont leurs propres caractéristiques et sont faits à la manière de leurs pays — mais, en fin de compte, ils ne sont pas si différents des nôtres ! s'esclaffe Julio.

Anna rit de plus belle en saluant à nouveau Ella avant de repartir pour les laisser tous deux seuls dans les nouveaux quartiers d'Ella.

Amusée, Ella se présente à l'homme inspiré, poète et tailleur de pierres qui, par ses qualités, lui offre une bienvenue des plus rassurantes et des plus originales.

— Y a-t-il une fleur, une plante, un animal, quoi que ce soit que vous aimiez qui pourrait tenir compagnie à votre oiseau-totem ?

La question de l'artiste la laisse d'abord interdite, mais Julio a la patience des pierres, et elle comprend qu'il ne se dérobera pas tant qu'il n'aura pas eu sa réponse, et que c'est un magnifique cadeau qu'il lui propose là. Alors elle prend son temps et se laisse parcourir par le flot de ses souvenirs, qui la ramène vers son enfance insouciante, les vallées ensoleillées et verdoyantes de Bretagne, et le feu d'artifice des pivoines qui explosent de leurs boules colorées dans les lumières de la belle saison. Elle ressent la douceur des rayons du soleil et la fraîcheur florale des parfums de ces orbes odorants qu'elle aimait tant respirer et caresser, du temps où il en poussait encore. Son sourire s'efface et une larme solitaire roule sur sa joue grise et parcheminée.

— Des pivoines, dit-elle simplement, la voix réduite à un murmure fêlé.

Julio hoche gravement la tête et s'efface pour lui permettre de se reposer.

Ella s'étend et, à peine la tête posée sur l'oreiller, sombre dans un sommeil lourd aux rêves embaumés par les parfums ambrés de cette nouvelle humanité des entrailles de la Terre mélangés aux senteurs minérales de la caverne.

Chapitre IV — Les yeux grands ouverts

À son réveil, elle a l'heureuse surprise de trouver un petit panier avec quelques fruits des bois et fleurs de prairie à côté de son lit. Elle goûte une fraise sauvage, acidulée encore du fait de la froide saison qui s'éternise, et respire avec bonheur les petits pétales humides encore de rosée. Elle ignore qui a bien pu avoir cette si délicate attention, mais il y a bien longtemps qu'elle ne s'est pas sentie aussi heureuse, et elle repense au vieux tailleur de pierre et à ses mains de poète. Pour l'instant, elle n'a que des motifs de satisfaction à avoir suivi les instructions de l'état-major.

Dans les jours qui suivent, elle n'en finit plus de multiplier les rencontres avec les charmants autres habitants des lieux, et de découvrir l'ingéniosité des installations et la formidable capacité des humains à recréer un espace de joie et de vie dans les conditions les plus extrêmes.

Au-delà de la grande caverne qui sert de salle commune pour les festivités d'ampleur, de place autant que de rue — si tant est qu'on puisse considérer un espace sans ciel ainsi —, les parois abritent également des salles de taille moyenne où se regrouper de façon plus intimiste. La décoration de ces pièces à vivre, destinées aux plus grands comme aux plus petits, est assurée par tous, et les enfants handicapés notamment, sous la houlette de Julio, le maître esthète du refuge, se révèlent particulièrement créatifs. S'appuyant sur toutes les reliques du monde passé rapportées par les migrants et puisant dans la nature alentour le complément, ils mêlent tous ces matériaux avec le génie naïf d'un créateur qui a tout à inventer.

De l'art vivant, a commenté Julio, qui se concentre surtout sur les symétries et les proportions, lorsqu'il accompagne Ella dans sa découverte du Sous-bois étoilé.

Ainsi, les longs boyaux de pierre menant aux différentes pièces à vivre sont décorés de fruits et de légumes pour les salles à manger, de différentes céréales pour les cuisines, de feuillages et d'arbres pour les salles de piano et de lecture. Ella a même découvert avec émotion une pièce qui lui a été destinée en prévision de sa venue, attendue avec impatience par les enfants et leurs parents : une classe, meublée et équipée, et dont les murs ont été ornés par Julio et ses apprentis de fresques représentant les différents pays du monde.

Quand Julio la lui a fait découvrir, elle a dû s'appuyer sur son bras solide pour ne pas tomber. Vacillante et les yeux embués, elle s'est gorgée de cette image inattendue, de cette promesse d'avenir dans la déroute du présent. Elle n'a pu que murmurer un *« Merci »* presque inaudible en resserrant sa prise sur le tailleur de pierre, qui lui avait frotté le dos pour marquer qu'il comprenait son sentiment.

Et, pour couronner le tout, il y a également — autre belle surprise de l'abri — une grande bibliothèque riche en livres que chacun a apportés et partagés avec la communauté.

Dans l'horreur apocalyptique où l'humanité s'est engloutie, quelques îlots de survivants recréent donc des sortes d'utopies improbables où le bonheur semble possible ? Ella chasse l'angoisse du futur et de l'inconnu qui mâche le monde du dessus.

Ici, loin du soleil, il fait beau.

Et chaque jour lui apporte son lot de belles rencontres et de surprises heureuses, notamment grâce à Anna, qui continue de l'initier, mais surtout grâce à Julio, dont la présence souvent silencieuse lui est devenue d'un réconfort essentiel, comme la vie qui jaillit entre ses mains sur les roches omniprésentes, de même que la compagnie de Jean ou Kaleb, qui lui parlent du dehors, de ce sous-bois qui les cache, les abrite et les nourrit entre ses racines où s'enfonce un ruisseau clair et glacé.

Elle est chez elle, ici

Comme elle l'a découvert dès le premier jour, l'hygiène est ici des plus strictes, et l'eau prélevée à la source qu'offrent les montagnes voisines, une fois filtrée par le sol et bouillie pendant deux à trois minutes, puis traitée chimiquement, est consommée avec parcimonie. En effet, la communauté est nombreuse et vit dans une promiscuité qui interdit le laisser-aller et la prise de risques. Les militaires qui ont préparé l'endroit sont intransigeants — et ils ont bien raison sur ce point. Ce qui reste d'humanité ne peut se permettre de mourir bêtement d'une épidémie contrôlable. C'est donc avec plaisir mais raison qu'Ella a pu se rafraîchir dès le lendemain de son arrivée dans les salles de bain creusées dans la roche, et y établir le rituel d'ablutions qui marqueront le passage des jours dans ces souterrains sans aube ni crépuscule.

Le lendemain de son arrivée, Ella s'est évidemment empressée de se rapprocher du centre de commandement de la base enterrée, et on lui a promis d'étudier sa demande avec sérieux et rapidité. Un petit ordinateur permet certes de communiquer avec le satellite, mais son utilisation, à cause du caractère dramatique que serait un piratage, n'est permise que pour les questions les plus pressantes. Alors elle prend son mal en patience et tâche de découvrir et comprendre ce nouveau microcosme où elle est censée jouer le rôle de sa vie. Son dernier, sans doute.

Contrairement à ce qu'elle a d'abord cru lorsque sa pensée anxieuse s'est heurtée à cette question, toute l'alimentation du site ne repose pas que sur des stocks finis apportés à l'installation du site ou par ravitaillement. La culture de certains légumes, comme les oignons et les pommes de terre, est pratiquée avec quelque succès : on a semé dans des bacs en plastique et de gros sacs en toile de jute. Une fois installés dans la terre, les plants sont superposés verticalement dans des crevasses du sol pour bénéficier de la lumière du jour qui tombe par ces puits de soleil et de chaleur. Le soir, les plantations sont rentrées dans les galeries de la caverne pour les protéger du froid et leur permettre de poursuivre leur croissance à la lumière artificielle. Savamment disposées et cultivées selon leurs besoins agronomiques, ces cultures, placées en hauteur et loin des regards des visiteurs potentiels, nécessitent une attention toute particulière, et c'est là l'un des emplois les plus contrôlés et les plus gourmands en main d'œuvre, tant leur survie dépend de cette culture de la dernière chance. Des guetteurs, à tour de rôle, se remplacent pour veiller et pour soigner les plantes. Les plantations se font donc discrètes, ainsi que les trajets des veilleurs.

Si l'objectif d'autosuffisance répond à un impératif de sécurité alimentaire, c'est aussi par stratégie militaire qu'il faut garder le secret sur toutes les installations servant de dernier recours. Les civils, et notamment les familles des militaires, y ont établi leurs quartiers, et les soldats qui se battent encore — ou qui se préparent aux combats — ne le font que dans la perspective de sauvegarder ces sanctuaires face à un ennemi devenu fou et implacable. La raréfaction des terres agricoles et des eaux potables a armé des peuples entiers, rendus imperméables à la négociation par la faim et la soif. Et comment ne pas les comprendre ? se dit Ella, quand ses pensées la ramènent aux sinistres réalités du monde extérieur. Après tout, c'est la voracité des Occidentaux qui a détraqué le climat et rendu la vie impossible dans certaines régions du monde où des innocents vivaient très bien avant que nous les privions de tout...

Pourtant, malgré l'impératif absolu de clandestinité des installations, certains téléphones à signal codé ont été laissés par les passeurs de l'ONU, pour les cas d'urgence.

Les livraisons de vivres s'effectuent à grand renfort de prudence environ toutes les trois semaines, et ces précieux chargements continueront tant que l'ennemi n'aura pas détruit ou conquis les dernières terres cultivables encore en leur possession dans le nord de l'Eurasiafrique et de l'Alliance Nord-Américaine. Mais les nouvelles rapportées à propos de l'avancement de la guerre ne sont pas brillantes. L'ennemi aurait encore gagné du terrain, amenant les spéculations les plus sombres dans les discours sur l'avenir des pays du Nord.

Les denrées alimentaires sont précisément inventoriées et stockées soigneusement dans le garde-manger de la caverne. C'est un travail à la chaîne auquel tout le monde participe pour ne pas faire perdre de temps aux membres affairés de l'ONU, qui constituent dans leurs actions de ravitaillement des cibles faciles mettant en danger toute la communauté approvisionnée. Il faut faire vite et efficacement, et la discipline militaire ne suffirait pas à la tâche sans les centaines de bras des civils qui les suppléent.

Une nouvelle culture est née dans les entrailles de cette terre désolée, se dit Ella, en repensant à ses vieux cours d'histoire sur le marxisme et les utopies communistes. Chacun s'octroie une tâche bien précise qui lui correspond le mieux, tout en aidant son voisin, sans équivoque ni arrière-pensée. Le dialogue est simple, riche de sens et respectueux des autres et de soi, puisqu'on travaille collectivement pour combler les mêmes besoins de chacun.

Soudain, face à la certitude de l'anéantissement, tous les égoïsmes sont comme chassés, et les qualités humaines semblent exacerbées, enfin disponibles et établies : on sait donc bien comment faire, finalement. On a tous appris les bases pour s'apprécier, mais le chemin de nos vies nous l'avait fait oublier. Si quelqu'un a froid, on lui prête un pull : c'est si simple ! Les couleurs et les rires virevoltent et résonnent sous les voûtes minérales.

Quelques jours après son arrivée, Ella suit Kaleb un après-midi. Il n'emprunte pas le même chemin de surveillance que Jean, et il va dans un endroit qu'elle ne connaît pas encore.

Ils remontent par un boyau étroit et obscur, glacé, et marchent deux bonnes heures. Ce n'est pas une galerie aménagée par l'Homme, vu que les parois sont irrégulières et polies par le passage d'une eau préhistorique. Quand Ella commence à s'interroger sur la mystérieuse destination au point de douter du bien-fondé d'une telle expédition, la cavité s'éclaire enfin, et le flanc de la montagne s'ouvre devant eux en surplomb d'une falaise offrant une vue spectaculaire sur la chaîne acérée des Scandes au lever du soleil. C'est à couper le souffle.

Ils s'asseyent en silence pour contempler le paysage. Au bout d'un long moment de communion muette, Kaleb se met à parler.

C'est un enfant du Bangladesh. Ses deux parents sont décédés lors de l'écroulement de l'usine de confection de textile où ils travaillaient. Le bâtiment était fragilisé depuis bien longtemps, et même si les travailleurs s'étaient aperçus des fissures dans les murs et les plafonds, leurs chefs n'ont rien fait pour restaurer un minimum de sécurité. Les normes sont de toute façon quasiment inexistantes, et il est surtout question d'essayer de survivre, dans ces pays pauvres.

L'usine, haute de quatre étages, sans vitres aux fenêtres, s'est soudain écroulée sur ses travailleurs. Peu de survivants ont pu être sauvés.

Et pas ses parents.

Kaleb, qui avait quatre ans à l'époque, jouait ce jour-là avec son frère aîné dans la rue adjacente. Ils pouvaient voir leurs parents dans le bâtiment, qui, de temps en temps, leur faisaient signe de la main. Et ils ont tout vu. Ce jour-là, entre les cris d'effroi et les pleurs des ouvriers et des voisins, la poussière poisseuse des pierres effondrées et le sang des victimes qui tachait les décombres de l'usine, ils sont devenus orphelins.

C'est à partir de ce jour que Kaleb s'est dit qu'il faut que le monde change, qu'il a compris que l'injustice ne croît que si l'on permet à ses racines de grandir. Et qu'aucune usine ne doit arracher à des enfants leurs deux parents, et encore moins pour une paie dérisoire, et surtout pas pour faire des économies sur leur sécurité au profit de propriétaires et actionnaires sans scrupules.

Avec son frère, ils ont réussi à échapper à ce monde où la dignité des travailleurs n'est pas prise en considération, où l'appât du gain a contaminé leurs dirigeants, à l'instar de ceux des pays développés, et où la population ne peut pas se révolter sous peine de fusillade. Ella réalise brusquement que ses t-shirts, ses habits, ses chaussures, et toutes les technologies si banales de son quotidien sont en réalité teintés depuis trop longtemps par le sang et la sueur de ces pauvres âmes sacrifiées.

Elle rougit de honte, soudain, devant l'image de ces deux orphelins bravant les soldats, les frontières, les polices, la faim, le froid, la soif, les violences et la mort dans l'espoir de simplement survivre à la rapacité de l'homme riche qui, pour son confort quotidien, a besoin que le monde souffre et meure. Et que des enfants perdent leurs parents sous les décombres d'une usine esclavagiste.

Kaleb lui relève la tête du bout de l'index et sourit.

— Venez, je vais vous montrer quelque chose…

Ils redescendent, et Ella découvre l'entrée d'un temple donnant sur un espace commun. Le porche, décoré avec art par Julio et ses élèves, est agrémenté de représentations joyeuses d'une humanité en liesse au milieu de la nature, et elle se sent attirée dans ce lieu. Elle est d'abord inquiète de voir qu'une place a été laissée aux cultes qui ont tant ravagé les sociétés et monté les uns contre les autres, mais c'est avec un effarement bouleversé qu'elle trouve dans cet espace de prière et de méditation les symboles mêlés de toutes les religions qu'elle connaît ! Des croix chrétiennes sont ornées de petites chaînes dorées où pendent des mains de Fatma, des tapis orientaux tournés vers la Mecque font face à des statuettes de Bouddha, et des chandeliers à sept branches surmontés d'étoiles de David illuminent les lieux, mêlant leurs lueurs vacillantes aux clartés clignotantes des cierges orthodoxes. Dans une alcôve, elle trouve même une petite pagode bariolée pour prier les ancêtres. Ici, loin de la folie des hommes et pourtant sous la menace des bombardements et invasions, dans ce réservoir humain loin des fanatismes religieux, chacun prie selon les rites et habitudes de sa tradition religieuse, et on a juste aménagé cet espace pour que chacun puisse trouver là de quoi se ressourcer et se sentir mieux. Loin des préceptes archaïques culpabilisateurs et autoritaires, on encense ici les autels pour le bonheur des hommes, et non pour la vengeance des dieux.

Kaleb s'agenouille tout à coup et prie en face d'un soleil gravé dans la pierre. Ella s'assied à côté de lui. Elle devine qu'il prie pour le bonheur de tous.

Anna et Jean les rejoignent, en silence, et d'autres se mêlent à eux, innombrables et sereins. Ils savent tous que l'on peut évoluer, que l'on peut tout à fait abattre les barrières qui nous paraissent insurmontables, qu'il est possible de s'unir dans la prière, mais aussi dans la réalité, qu'il suffit juste de le vouloir, car nous sommes par nature tous taillés dans la même pierre vivante, avec les mêmes désirs de bonheur, de paix et d'unité.

Tous, ils en sont tous la preuve.

Nos envies et nos rêves d'adultes ne sont finalement pas différents de ce en quoi on croyait enfant, lorsqu'on nous a inculqué d'être bons et justes. Si à la place d'espérer que Dieu nous délivre de notre sort on avait pu s'apercevoir des qualités de chacun et de l'avantage de vivre ensemble en arrêtant de s'exploiter les uns les autres ou de s'entretuer, quel gain de temps ! Que de souffrances épargnées !

Si seulement on avait pu réunir toutes nos connaissances pour réussir à vivre ensemble avant de tout perdre ! Car c'est une évidence, désormais, au cœur des montagnes scandinaves, parmi les quelques milliers de survivants d'une humanité enfouie sous terre, que ce sont nos désirs égoïstes qui nous ont conduits là… C'est tellement clair aujourd'hui que la seule solution d'avenir est de vivre comme une seule communauté unifiée, engendrant la survie et le bonheur humains par le seul mélange des êtres et la solidarité, par la connaissance de l'autre et de soi, par la culture de l'entraide plutôt que la concurrence de tous, pour que les décisions soient prises enfin pour le bien commun, et non dans l'intérêt de quelques-uns contre tous les autres !

Main dans la main, tous ces croyants aux fois différentes prient pourtant ensemble, dans un même esprit de fraternité, dans un même espoir de solidarité. Et Ella, qui est pourtant athée, prend à son tour la main de Kaleb et d'Anna dans les siennes pour former cette chaîne humaine qui les libère. Et tandis que les murmures pleins d'espoir et d'amour se mélangent, des larmes de joie coulent sur les joues de la vieille institutrice.

C'est tellement beau ! Tellement bon !

Tellement tardif.

Mais, encore une fois, il aurait fallu être capable de penser pour pouvoir agir. Souhaiter vaguement ou désirer secrètement ne mènent qu'à l'amertume et à la frustration. C'est vain.

Lorsqu'on se demande si c'est l'œuf ou la poule qui est arrivé en premier, pense Ella, on fait fausse route, car l'important est d'arriver et, comme dans tout ce que l'on entreprend, il vaut donc toujours mieux commencer par un premier petit pas, par une première petite pierre, par un premier petit mot, pour que de grandes choses puissent advenir. Car ce n'est qu'une fois arrivé qu'on réalise le chemin parcouru et qu'on peut être fier de ce qu'on a construit, que l'on comprend qu'on pouvait accomplir des miracles.

Au bout d'un moment, tout le monde se redresse en souriant et regagne l'espace commun du Sous-bois étoilé.

Le soir, lors des veillées, on boit un peu de bière et de vin tout en partageant avec son voisin. Les plus anciens tricotent de nouveau et enseignent ces techniques ancestrales à leurs enfants et petits-enfants. L'écho de leurs rires illumine la caverne d'un espoir nouveau : on ne consomme plus pour exister, mais on crée ensemble de quoi vivre. Les plus forts s'affairent aux travaux manuels, et il n'y a pas de plus faibles qui souffrent dans les marges, dans l'ombre des autres, car chacun a un rôle, et l'organisation journalière en devient parfaite. On a tous un seul et même but : vivre heureux les uns par et pour les autres.

Les plus inventifs, ingénieurs et artistes, ceux qui ont acheminé l'énergie solaire et la culture dans la caverne, s'échangent des idées jusque tard le soir, remplissant l'avenir de projets pleins d'espoirs enthousiasmants, charmant les imaginations et la créativité de tous. D'autres membres de la caverne, les besognes accomplies, jouent ensemble autour de grandes tables joyeuses où s'entassent toute sorte de jeux, de la belote au tarot, en passant par une infinité de jeux anciens et nouveaux.

De leur côté, les enfants s'affairent à créer des pièces de spectacle, de danse ou de musique, pour le plus grand amusement de tous, et chaque soirée est un temps de communion où tous les survivants font corps, peu à peu, s'instituant civilisation du bonheur. Anna, dont Ella a découvert avec stupéfaction qu'elle est aveugle, est capable par sa formidable imagination et sa prodigieuse mémoire de diriger et de réunir le nécessaire pour la création de tels spectacles. Julio se donne à cœur joie et sans compter pour fabriquer leurs scènes avec ses jeux d'ombres et de lumières. Les enfants adorent voir se créer leurs univers et œuvrer au bonheur de tous.

Ella, en attendant des nouvelles des siens, a vite trouvé sa place dans cette microsociété et, rapidement adoptée par tous, n'a pas tardé à reprendre ses fonctions d'enseignante. Avec une différence de poids : aucun ministère sclérosé par des politiciens et des opportunistes carriéristes ne peut plus l'empêcher de faire le nécessaire pour conduire ces graines d'humanité vers la lumière. Et les enfants se rendent chaque jour avec joie et curiosité à l'école d'Ella, qui a recruté et forme plusieurs assistants pour l'aider à répondre au mieux à tous les besoins de ces enfants afin qu'ils deviennent de beaux et bons adultes.

De la culture et de l'expérience singulières de chacun, on tire la substance nécessaire pour créer des solutions à tous les problèmes, et du lien à chaque coopération. Toutes les idées sont discutées et pesées. Chacun est libre d'émettre une opinion, et les suggestions, toujours faites avec respect, permettent d'aboutir pacifiquement aux compromis les plus profitables à tous, tant l'espace confiné et le danger planant à l'extérieur permettent de relativiser facilement les ego et fiertés mal placés.

Oui, on a désormais le même objectif : on se bat enfin pour l'humanité parce qu'on en est membre, et non pour soi et au final à son encontre, comme c'était le cas dans la société mondialisée qui agonise à présent en surface.

Enfin, on est en train de réussir là où on a toujours échoué, et chacun y travaille ardemment. On est heureusement parvenus à se rendre compte des failles de l'être humain. Avec sa nature insatiable, il était devenu destructeur. Cette volonté farouche de vouloir toujours plus ne doit plus contrôler le destin pathétique des survivants de l'humanité.

Mais il faut pour cela l'enseigner. Il est indispensable qu'on s'élève enfin grâce à l'évolution des connaissances et de nos capacités humaines. Telle une mission inachevée, il est essentiel qu'on se redresse, qu'on puise dans nos connaissances pour permettre enfin la prospérité de l'humanité.

Tel est donc le devoir d'Ella : il faut qu'elle l'enseigne.

Le hasard n'est pas du hasard, car chacun agit en étant mû par ses propres quêtes, par ses propres failles. Par sa seule présence en un lieu, on accomplit une volonté plus ou moins consciente qui laisse une empreinte indélébile sur laquelle on peut construire, et c'est pour cela qu'Ella est venue dans cette caverne. Toute son existence, elle s'est forgé cette destinée : guider vers la lumière. Et elle poursuivra sa mission coûte que coûte. Mais dans quelle force puiser ? Après tout, elle n'est qu'une vieille femme... Quel poids peut-elle avoir face à l'humanité qui se déchaîne au-dessus de sa tête ?

Celui qu'il faudra.

Elle se rappelle son ancienne vie : quand les femmes ont suivi les pas des hommes dans le monde du travail, qu'elles voulaient conquérir leurs droits d'égale à égal, elles n'ont déjà pas obtenu satisfaction dans des États de droit. En démontrant les mêmes aptitudes et la même intransigeance que leurs compagnons, elles ont espéré obtenir le même statut que leur opposé, et elles n'ont décroché qu'une place mutante, inconfortable — pire peut-être ? —, où on dépréciait leurs qualités féminines sans leur accorder les qualités viriles.

L'égalité des genres est un combat incessant contre le poids des traditions et des stéréotypes sournois qui s'insinuent dans les esprits des petits garçons et des petites filles pour perpétuer le règne du machisme et la soumission des femmes. Pour une femme qui veut se libérer de ses chaînes, il faut donc se battre contre soi-même et contre le monde, et il faut constamment prouver sa valeur.

Mais, au-delà de cette guerre des sexes aux victimes innombrables qui subissent injustices, insultes, pressions, violences, viols et meurtres, c'est l'hégémonie des défauts virils qu'il faut combattre. Sans quoi la lutte pour la libération des femmes n'aboutirait qu'à sa soumission aux vices des hommes.

À quoi bon en effet obtenir les mêmes droits qu'un homme si, pour accéder à une position plus élevée, une femme doit à son tour être sans merci, piétiner les plus faibles, flatter ses supérieurs et ne pas se retourner sur les proches trahis ? Pourtant, depuis des siècles, d'innombrables femmes savent et ont montré qu'elles peuvent apporter autre chose à ce monde que cette violence destructrice que l'on déplore de jour en jour !

Zénobie, Antigone, Jeanne d'Arc, Olympe de Gouges, Rosa Luxembourg, Marie Curie, Rosa Parks, Simone Veil... Tant de noms de femmes qui ont marqué l'histoire par leur valeur... Et même le premier pas sur la Lune de l'homme, au final, a été rendu possible par une informaticienne talentueuse : Margaret Hamilton !

Mais les hommes continuent de dominer.

Mais les femmes continuent de se soumettre.

Dans l'histoire passée, pense Ella, les rares civilisations gouvernées par les femmes étaient pourtant beaucoup plus prospères. En effet, l'agressivité territoriale était moindre, et les hommes et les femmes pouvaient construire une civilisation de façon plus sereine. La diminution des conflits permettait à la population de se développer, et le royaume n'avait pas à dépenser ses ressources dans des querelles ou des guerres inutiles.

Mais cela ne durait pas, à l'époque, car les hommes pleins de convoitise des régions voisines n'éprouvaient pas de pitié pour la paix, que ce soit pour le pouvoir, les territoires ou les biens.

De nos jours, le pouvoir des femmes dans les régions subsahariennes se développe à grande vitesse, mais le combat contre le patriarcat, les mœurs et la culture elle-même est immense, conclut Ella.

Pourtant, même anonyme et sans génie extraordinaire, comme le lui rappelle son livre de philosophie, une femme n'est pas pour autant incapable !

Ella relit ce passage qui l'a tant fait réfléchir :

« Le rôle de la femme ? Je m'interroge. Moitié de l'humanité qui porte et donne la vie, au cœur de tous les désirs des hommes, enjeu de conquêtes et muse immortelle des arts, elle n'a pourtant pas autant de poids que les hommes, et sa valeur, toujours, quel que soit le domaine, reste inférieure à celle de l'homme.

Toujours inférieures et illégitimes : voilà ce que sont les femmes.

Même sur un piédestal courtois, elles demeurent enchaînées au vouloir des hommes, inféodées, perpétuelle côte d'Adam forcée de suivre avec humilité le reste de la cage thoracique qui respire au souffle viril du conquérant mâle ! Il nous faut donc des hommes, nous dit-on, puissants et vaillants, qui s'intéressent à la politique, qui savent se battre, décider, créer, commander, sans faille et immortels !

Alors les femmes pansent leurs blessures lorsque les

guerriers rentrent vaincus, elles consolent les survivants, quand ils pleurent leurs frères d'armes, elles cousent les linceuls, s'occupent de la maison, des enfants, du travail, même, tandis que le noble soldat cherche dans la boisson sa valeur perdue au combat. Et les femmes pleurent en silence, serrent les dents, tête basse et sourire forcé, dans l'espoir que cela cesse, qu'un accord sera enfin passé, que la trêve sera enfin annoncée ! Elles ramassent et recollent les morceaux, bout par bout, pour que le miroir du malheur soit moins fracturé, que l'image qu'il renvoie reste supportable.

Mais elles continuent de voir le visage morcelé, difforme et couturé de vaines cicatrices de la réalité, les failles dans la logique intouchable des hommes. Elles voient bien sous leurs doigts accoutumés à raccommoder les accrocs d'orgueil que la glace n'est plus lisse, plus unifiée, et qu'elle se brisera à nouveau, forcément, puisque le reflet qu'elle propose salit le réel.

Quand le réveillera-t-elle ? Quand se réveillera-t-elle ? Personne ne peut le dire.

Seules les femmes savent les silences de leurs cœurs.

Seules les victimes savent la profondeur de leur souffrance.

En attendant, les hommes s'entretuent, ou pire : ils se laissent mourir.

Alors, face à cette soif de violence inextinguible qu'il n'est pas capable de canaliser, on n'a pas le choix. Puisque la nature brutale de l'humanité reprend si facilement le dessus, il faut prendre les armes pour le combat le plus important de toute l'histoire de l'humanité : contre nous-mêmes, notre pire ennemi, et contre toutes les excuses que nous nous donnons pour ne pas nous indigner contre nous-mêmes ! »

L'heure n'est plus en effet à se poser des questions : il faut réagir, se dit Ella, ne plus refaire les mêmes erreurs. Il y a eu assez de morts et de souffrances pour de mauvaises raisons à travers les siècles, et cela en devient ridicule ! La future génération devrait s'en rendre compte, désormais. Il faut évoluer si on veut vivre — si on veut survivre.

Pendant des milliers d'années, on s'est battus, oui, mais pour quoi en fin de compte ? Un bout de terre et on assassine son voisin ? Eh bien, après des millénaires de batailles ensanglantées, on y est presque : l'Homo Sapiens, conquérant redoutable, a presque atteint son objectif avec sa logique brutale et implacable : se supprimer lui-même pour résoudre ses problèmes de frontières.

À croire qu'on est toujours cette brute préhistorique vivant au jour le jour et menant la diplomatie à coup de gourdin meurtrier.

Non, on n'a pas vraiment évolué depuis que nos ancêtres poilus sont descendus des arbres. Les paléoanthropologues ont montré que les chasseurs-cueilleurs préhistoriques se battaient déjà le plus souvent avec férocité entre groupes pour leur propre survie alimentaire, et ceci partout sur la Terre.

Et chaque groupe qui se déplaçait pour trouver de la nourriture était tour à tour l'agresseur ou l'agressé.

Lorsqu'Homo Sapiens s'est enfin posé sur un seul territoire, il a appris à cultiver les terres en développant des outils. On date de cette époque le début des civilisations, ces groupes solidaires et progressistes œuvrant au progrès humain, mais les hommes n'ont jamais été à l'abri des attaques des autres groupes, qui se voulaient tout aussi puissants que les autres, et qui se battaient avec véhémence dans ce monde où la loi du plus fort a toujours prédominé.

Les batailles et les guerres se sont donc multipliées à travers les siècles, différentes et pourtant semblables. Il fallait en effet prévoir et planifier la survie, faire face aux intempéries et se protéger, et surtout manger, mais, quand la nourriture vient à manquer, quelle autre solution évidente que d'aller la prendre chez le voisin ? Et comment reprocher aux affamés d'entrer en guerre si les voisins refusent de partager ? Aujourd'hui, ce sont les migrants que l'on empêche d'entrer, ceux a qui on a pris leurs ressources pour que certains s'enrichissent plus vite, ou ceux pour qui la guerre est toujours d'actualité et qui refusent de mourir. Nous produisons donc à l'abondance jusqu'à en jeter par les fenêtres. Mais on ne partage toujours pas. Ce n'est pas dans notre nature, ni dans notre culture.

Des populations meurent toujours de faim.

Et maintenant, à cause des dégâts que nous avons causés de nos mains et de la montée des eaux qui en découle, c'est à notre tour d'émigrer.

En attendant, une politique fasciste reprend déjà le dessus dans certains pays. On voit ainsi de quoi est fait un gouvernant à la manière dont il traite son peuple et autrui. Quand la peur des autres s'incarne au plus haut niveau, on sait quelles politiques cela donne : une gestion de crise dans l'urgence qui conduit à la haine et à la guerre.

Des conflits et des combats stériles, des morts et des souffrances inutiles sont donc encore à craindre et à prévoir, et non, on n'a toujours pas évolué en une espèce qui s'arrête, se pose, et s'interroge, songe Ella, une société dont les membres cessent de s'entretuer pour la propriété de parcelles de la Terre.

Mais qui a décrété que les terres n'appartenaient pas, justement, à tout le monde ?

Allons-nous seulement réussir à sortir de cette spirale absurde et fatidique dans laquelle nous nous sommes précipités par bêtise et égoïsme matérialiste ? Ella n'ose interroger les probabilités de survie, mais elle ne peut s'empêcher de les imaginer faibles.

On sait désormais grâce aux nombreux travaux des archéologues et historiens que l'humanité, à quelques outils près, est toujours aussi redoutable dans sa volonté de posséder sans vergogne. En effet, on s'aperçoit que seules les stratégies pour asseoir sa domination ont évolué, pas la violence de ses désirs ni la brutalité de ses méthodes.

Homo Sapiens a développé une grande quantité d'accessoires pour masquer la violence de son comportement tout en la rendant plus efficace grâce au progrès technique, dont l'industrialisation, la mécanisation puis la numérisation ont permis d'en décupler la puissance destructrice.

Cercle vicieux, la démultiplication par les sciences de ses capacités accroît d'autant le nombre et la force de ses désirs, pour la satisfaction desquels il est prêt à toutes les extrémités. Le développement des technologies, imaginées au départ pour pallier les soucis de famine ou d'intempéries, et de manière générale dans le but de permettre la survie de son peuple, a vite tourné, en l'espace de cent ans, à un amas de surproductions dans une société de vain consumérisme sans fin.

Il s'est trouvé que, si soudain il était possible de nourrir toute une population et bien plus sans devoir nécessairement souffrir de famine et de maladies autant qu'avant, puisque les avancées de la médecine faisaient qu'on vivait plus longtemps et mieux, ce n'était toujours pas désirable, car il fallait que quelqu'un en accapare le mérite, les bénéfices, quitte à faire ainsi souffrir un maximum de personnes. Car rien n'est jamais suffisant : la nature humaine, laissée sans garde-fous, ne peut discipliner aucune de ses propres envies. On veut ce que l'autre possède, et davantage, de préférence, au cas où on nous en prenne, où un autre nous attaque… Et la mode est vite lancée, car les autres, surtout les plus pauvres, aspirent eux aussi, par l'exemple qu'on leur montre, notre nature jalouse et un souci de justice, à bénéficier de ces avantages pour lesquels ils sont prêts à adopter les mêmes stratégies de développement agressives, toujours au détriment de la majeure partie du peuple souffrant toujours de famine.

Les stratégies de domination ont donc évolué pour nous permettre d'acquérir toutes les richesses imaginables. Et notre imagination a rattrapé et dépassé les ressources disponibles pour attaquer et détruire nos chances d'avenir.

Maintenant, il n'y a plus ni le choix ni la volonté de se leurrer : l'Homme doit repenser ses stratégies économiques et sociétales s'il veut survivre.

Dommage que ce ne soit qu'à la fin du monde que l'on s'aperçoive des dégâts causés par cette convoitise qui, en fin de compte, nous a détruits.

Le communisme a échoué non pas à cause de l'idéologie elle-même, mais parce que des dictateurs malfaisants et coupables d'être humains ne l'ont pas respectée : ils ont remporté le combat de leur appât du gain et de pouvoir contre l'intérêt d'un peuple trop naïf qui voulait vraiment croire au messie, et qui est devenu par la force des choses et l'ironie de l'histoire un peuple d'esclaves.

Un sordide échec de révolution populaire, en somme, comme l'humanité sait les produire en si grand nombre, et qui s'est soldée comme toujours à coups de fusil et avec une masse de cadavres innombrables.

Quant au capitalisme, cette promesse de réussite économique tant convoitée par les Hommes, il nous a menés carrément à la destruction entière de la planète : on a surproduit, surconsommé et gaspillé égoïstement, en minimisant les coûts salariaux et matériels, en maximisant les profits tout en esquivant les responsabilités fiscales, sociales et environnementales. Et tandis que quelques riches devenaient toujours plus riches, de plus en plus de gens prenaient conscience de leur pauvreté et de la spoliation dont ils étaient victimes.

Forcément, qui ne rêve pas de loisirs déjantés et d'oisiveté luxueuse quand des médias en continu vous abreuvent d'images d'une vie excessivement frivole que certain peuvent se permettre de vivre ? Désormais, les pauvres travailleurs sont obligés de sombrer dans une déprime où l'illusion d'une vie plus ou moins réussie vole en éclats et les espoirs s'estompent face à l'évidence des dégâts climatiques causés par nos pollutions. C'était une triste réalité à affronter, et un insupportable désaveu de ce que nous croyions être : malgré notre puissance intellectuelle et l'accumulation des technologies, nous sommes absolument défaillants par essence.

Nos désirs impétueux d'un règne totalitaire et d'une puissance absolue nous aveuglent et nous détruisent par la même occasion. Certes, il y a une différence claire entre fascisme et démocratie libérale, mais les deux types de régimes ont été des impasses, et c'est un même dénominateur commun qu'il va falloir circonscrire si l'on veut s'en sortir : on ne s'en est sorti ni avec un régime politique de haine et d'épouvante ni dans un monde de libertés où tout tenait par la seule promesse d'un monde meilleur à venir. Il va donc falloir recréer une vie en communauté en prenant en compte ce qui a échoué.

Et l'on sait désormais où se situent nos échecs et quels seraient nos idéaux, puisque cela est devenu une question de survie.

Dans certains pays, les stratégies de domination étaient encore plus marquées à cause du pouvoir des cultes et de la religion, des croyances, mais aussi de la corruption et de la peur exercée par les armes et autres excuses nécessaires pour faire obéir un peuple, mais on ne s'en est pas mieux tiré en France, malgré toutes nos prétentions de pays libre respectueux des droits de l'Homme. Encore une fois, seuls les résultats comptent, et l'évolution des peuples à travers le temps — ou plutôt l'absence d'évolution, en l'occurrence — nous impose encore de reconnaître nos propres erreurs.

Mais que nous reste-t-il vraiment, au bout du compte ? se demande Ella. De quoi sommes-nous réellement capables ? Comment enseigner l'empathie et l'intégrité aux générations suivantes ?

Comment regarder ces enfants du futur dans les yeux et leur dire qu'il va leur falloir le courage et la volonté de faire différemment alors que l'on ne sait même pas si l'on va survivre ?

Elle sonde ses connaissances : il y a bien des années de là, Martin Luther King a eu un rêve. Face à la nature abominable dont l'être humain avait fait la démonstration au temps de l'esclavage, puis de la ségrégation, se rappelle-t-elle, l'empathie et la foi seules ne pouvaient pas triompher. Mais Martin Luther King a réussi, par sa volonté sans faille d'unité, à donner à chacun l'envie d'être meilleur. Il a été capable, il y a bien longtemps déjà, de ressentir chaque peur et chaque souffrance de toute sa communauté, puis de les canaliser, de les purifier et de les magnifier dans le seul but d'unir les peuples.

Ce désir de justice et d'égalité des droits entre humains à la naissance est tout simplement la définition du bonheur tel qu'on l'imagine spontanément, et auquel on travaille toute sa vie, encore et toujours. Il avait donc compris, lui aussi, ce dont l'Homme est capable s'il en a la volonté.

S'il a le bon mentor.

Ella comprend de mieux en mieux, mais elle doute d'avoir les épaules assez solides. Oui, l'humanité peut basculer vers le pire ou le meilleur juste en suivant un homme un peu charismatique — ou une femme.

On en est capables. Il suffit de le vouloir et de s'en convaincre. Et on sait désormais quels sont nos défauts. On n'aura pas besoin d'une autre catastrophe humaine pour faire mieux. Un peu d'amour pour son prochain, de l'exemplarité, et on s'en sortira avec une bonne dose de volonté et de confiance dans la capacité des survivants à réussir et à se choisir et se construire un destin différent. On n'aura même pas besoin de guerre pour se décider.

Puisqu'elle a déjà lieu.

Ella tranche donc, compensant par sa détermination à présent inflexible l'assurance qu'elle est loin d'avoir. Elle a pris possession de la classe et instruit donc les enfants en mettant particulièrement l'accent sur ces nouvelles valeurs d'empathie et d'entraide, se régalant de leur appétit de savoir et de leur volonté de comprendre. D'ailleurs, puisque cette culture est illustrée quotidiennement dans le refuge par ses occupants, il est facile de leur faire appréhender l'importance de vivre dans un milieu paisible et serein, en acceptant les différences de chacun, puisqu'elles se nourrissent des mêmes besoins humains. Les petits s'engagent par conséquent tout naturellement dans ce système de coopération qui ne peut que garantir le développement de l'empathie. En effet, si l'être humain parvient à ne pas vivre en état de stress permanent, il est en situation de développer sereinement ses perceptions et réflexions, d'être à l'écoute de ses émotions et d'analyser ses sentiments : bref, de prouver plus amplement qu'il a toutes les capacités de conciliation et de compréhension qui lui assurent de s'insérer dans son environnement et parmi les siens de façon pacifique. Pouvoir ainsi peser chaque décision à venir en tenant compte de la situation, de la sensibilité d'autrui et de ce qui a échoué ne peut qu'aider à dompter la bête qui est en lui pour lui éviter de tout saccager.

Vivre ensemble dans le souci l'un de l'autre ne pourra qu'amener la prospérité du genre humain, s'enthousiasme souvent Ella, désormais, lorsqu'elle se repasse le fil de sa journée avant de s'endormir. L'Homme pourra ainsi enfin évoluer en même temps que sa biologie vers un futur un peu plus certain, car il aura compris qu'il a aussi la responsabilité et la capacité de ne pas s'autodétruire.

Et elle sourit en regardant les étoiles briller sur les parois de la caverne.

Et elle s'endort en suivant les circonvolutions des fleurs colorées qui ornent son alcôve, travail splendide de Julio.

Et, dans ses rêves, l'oiseau de pierre immobile qui veille sur son sommeil s'envole gaiement dans l'azur en poussant sa chanson d'espoir.

Chapitre V — Printemps

Ella a pris ses marques et, au final, aussi étrange que cela puisse paraître, ce serait la période la plus heureuse de sa vie si elle n'avait pas sans cesse en tête cette pensée parasite, cette question angoissée, ce couperet menaçant qui pèse sur sa conscience.
Où sont ma fille et ses petits ?
Tout le jour, son esprit bute sur cette cruelle interrogation.
Heureusement qu'elle est bien entourée : Kaleb et ses retraites d'altitude, Jean et ses balades dans le sous-bois, et Julio, bien sûr, avec sa créativité incessante. Et puis Anna, aussi, et les enfants, et tant d'autres encore qui sont devenus sa famille.
Comme une évidence.
Mais elle ignore quand même si sa fille est vivante. De même que Thomas, Jasmine ou le bébé.
Et cette ignorance la ronge, surtout la nuit.
Néanmoins, la vie suit son cours et, sous terre, elle est saine, simple et sans excès, et cette atmosphère est particulièrement favorable à la sérénité des apprentissages, de même que la réalité de la guerre totale qui se livre au-dessus de leurs têtes rend les leçons d'histoire et de géographie signifiantes, les expérimentations scientifiques et mathématiques nécessaires, les arts et les langues indispensables pour exprimer et étayer les humanités vacillantes et naissantes.
L'évolution technologique a bien cet avantage formidable de relier les gens, de faciliter la circulation des informations et de créer une vraie communauté humaine mondialisée et pacifique, connectée et solidaire. Grâce au développement des

outils de télécommunications et du partage de données, on pouvait répandre constamment les connaissances, devenir plus proches, plus instruits, plus sages. Or, si la rapidité de transmission de l'information nous permet certes de partager immédiatement les événements, informations et réflexions, la réalité a été toute autre, et les humains connectés se sont en réalité regroupés de manière encore plus excluante des autres que dans le monde réel, s'entretenant mutuellement dans leurs solitude. Un formidable gâchis contre-productif pour les relations humaines, en somme.

Encore un.

On le voyait, on le savait, pourtant, mais la pente facile du laisser-aller est difficile à contrecarrer.

Ella s'est installée sur son « balcon », cette coursive aérienne qui dessert notamment son alcôve, et elle regarde l'activité de ruche bariolée qui se donne en spectacle en contrebas. Voir cette synergie l'apaise toujours, la réconforte.

Elle constate alors que les êtres humains sont de fait interconnectés, mais qu'ils n'ont pas besoin de technologies élaborées pour cela. Pire, les accessoires font écran à la rencontre, et ils empêchent le lien en démultipliant les mises en scène.

Laissons le hasard faire son chemin dans le réel !

Ella repense à la manière dont elle a fait la connaissance de son mari, jeune fille, un jour de marché.

Rémi.

Il aidait son père à vendre ses primeurs, et elle aidait sa mère à faire les emplettes familiales. Il tentait maladroitement d'haranguer les chalands, et elle peinait sous le poids de ses achats.

Il était craquant avec sa casquette de l'ancien temps et ses tendres seize ans, et la fraîcheur adolescente d'Ella ne l'avait pas laissé indifférent.

Il l'avait aidée à porter son panier et, hardi, lui avait donné rendez-vous au cinéma le mercredi suivant.

C'est fou ce que la mémoire est étrange, s'étonne la vieille femme. Dans sa tête, elle est toujours cette jeune fille enthousiaste et timide, et c'est hier que Rémi lui prenait doucement la main dans la salle obscure. C'est comme si elle sentait encore ses lèvres sur les siennes lors de leurs premiers baisers.

Mais c'est sur une vieille joue grise et ridée que roule une larme solitaire avant de s'écraser sur la balustrade de la coursive.

Dans le réel, c'est le vécu de chacun qui se heurte aux trajectoires des autres dans un milieu donné, et ces circonstances hasardeuses créent des opportunités de rencontres entre les individus qui sont bien plus abondantes d'enseignements et de possibles enrichissements que ces recherches de contacts que proposent les applications depuis près d'un siècle, et qui trient les profils pour ne nous mettre en relation qu'avec des sosies, des copies conformes de soi avec qui aucun débat n'est utile, puisque tout vient nous conforter dans notre égocentrisme.

Pourtant, c'est tellement riche, une rencontre ! Tellement beau ! Dans tous les cas, pense Ella, cela nous construit, nous rapproche. Chacun est de passage dans la vie d'autrui, certes, mais chacun laissera une empreinte, une parole, une action, qui s'ancrera dans la vie d'un autre être, et réciproquement.

Et c'est cette conscience de la providence des chemins qu'ont perdue les gens. Or, dans ce refuge, cette improbable caverne où grouillent paisiblement les restes d'une humanité en déroute, on s'est retrouvé. Et c'est une bonne chose, se dit-elle : si l'on sait à nouveau que chacun a une histoire qui peut contribuer au devenir d'autrui, ou que chaque rencontre nous apportera matière à grandir et pourra changer notre propre histoire, on aura moins envie de s'entretuer.

Après toutes les crises traversées, toutes les horreurs dont l'humanité a été complice, coupable ou victime, de nos jours, qui a vraiment envie de se faire mutiler ou d'aller mutiler les autres ? Seuls ceux qui n'ont pas encore assez souffert, pas assez perdu, pas assez réfléchi, et au final pas assez évolué au point de vouloir mieux faire, doivent être contenus et guidés vers un projet de vie plus digne ; pour les autres, il suffit de pouvoir emprunter un chemin de lumière pour que cette voie soit de toute évidence et sans contrainte empruntée. Il n'est pas sain, ni logique, ni désirable, d'ailleurs, de vouloir l'anéantissement de l'autre, ni de se laisser dépérir — sauf évidemment pour les esprits malades, qu'il faut soigner par l'éducation ou la rééducation. Il faut apprendre de nos erreurs et faire mieux.

Et il aurait fallu savoir tout ceci avant que la guerre éclate et que la Terre ne se ternisse autant, songe tristement Ella. On aurait pu faire différemment et éviter des milliards de morts. Mais pouvons-nous seulement imaginer un monde sans guerres ? Cela voudrait alors dire que nous aurions résisté à notre nature destructrice et trouvé un moyen de cohabiter pacifiquement tous ensemble. L'évolution humaine ne semble pourtant pas si fataliste si on y songe, et notre Histoire n'a pas besoin de finir en tragédie si on veut bien s'en donner les moyens.

Ella renforce son courage en contemplant son peuple, sa nouvelle grande et belle famille. Elle n'aurait jamais pensé que cet épisode de sa vie puisse advenir. Et elle aurait aimé pouvoir partager cette expérience avec Rémi, ou même avec Julia, sa fille. Et Thomas, et Jasmine, qui ont dû bien grandir depuis la dernière fois qu'elle les a vus.

Elle ne sait même pas le nom de sa petite-fille…

Alors que le chagrin vient lui serrer la gorge et rompre sa quiétude, elle reconnaît un visage dans la foule. C'est Julio qui donne sur la place un cours de sculpture à un groupe d'enfants et d'adultes. Il lui fait un signe de la main en souriant, et elle lui répond.

Oui, elle a trouvé ici une nouvelle famille.

Bientôt, elle retrouvera sa fille et ses petits-enfants, et elle ferait enfin la rencontre du bébé. L'officier de radio s'y est engagé, et elle veut le croire.

En attendant, elle retourne à son tour faire classe.

L'idée de retrouver ses élèves lui remet du baume au cœur et de la jeunesse comme de l'espoir en tête, et elle presse le pas, la démarche légère.

Ici, ils construisent un monde meilleur, une civilisation de la solidarité et de l'entraide, de la justice et de la fraternité, et c'est un projet des plus enthousiasmant. Parfois, même, elle se surprend à oublier qu'ils vivent terrés sous terre avec la menace permanente d'un bombardement qui mettra fin à leur utopie.

Pourtant, un peuple qui réussit à être heureux est celui qui travaille dans un objectif commun, car il a compris l'intérêt de s'unir et a pu prendre connaissance de ce que son rôle d'être humain peut réellement signifier de façon universelle. Si l'on sort vivants de cette caverne, pense Ella, on aura les outils nécessaires pour combattre le réchauffement climatique et l'injustice, car on aura décelé les bonnes attitudes à avoir. On peut donc redéfinir ce qu'être humain peut aussi signifier, car on sait faire le choix de ne pas répéter les mêmes erreurs.

Il y avait tant d'injustices dans le monde, avant cette terrible guerre. Si ce n'étaient pas nos origines et ses stigmates sur notre corps pour accuser en nous notre provenance qui nous empêchaient d'être heureux, il suffisait pour souffrir du regard de l'autre et de ses violences d'être homosexuel, gros, petit, maigre, beau, laid, ou tout autre écart subjectif à une norme absurde surtout prétexte à se hausser au-dessus des autres pour se grandir de la douleur de son prochain.

C'est bien l'ignorance qui nous qualifie au premier rang dans notre humanité, et qui nous conduit à la sottise ! Moins on est instruit, et plus on est malléable, influençable, intolérant. L'influence n'a même pas besoin d'être forte, tant il est plus facile de suivre quelqu'un que de risquer d'assumer sa propre route. Notre nature humaine nous rend incapables d'introspection quand la peur de ce qui est inconnu nous saisit. On ne sait même pas vraiment en quoi nous sommes différents, ni pourquoi cette différence doit être un problème et non une richesse, mais l'intolérance lâche, guidée par nos peurs et nourrie par nos croyances qui doivent pourtant être remises en question de façon constante, nous rendent à coup sûr impitoyables à l'égard de tout être qui, par ses dissemblances, remet en cause notre identité et notre légitimité.

Éliminer celui qui ne se conduit pas de la même façon que soi, c'est en effet le chemin le plus confortable pour ne pas avoir à se juger soi-même en tort. On a toujours raison, quand personne n'oppose une autre option.

Et cette élimination prenait partout des formes variées, mais la finalité restait la même : faire disparaître les alternatives qui viennent remettre en cause le modèle dominant, celui du consommateur homme blanc : quand on ne l'enfermait pas en prison ou ne l'exécutait pas tout simplement, on cachait tout ce qui n'était pas conforme à la norme majoritaire : les enfants handicapés dans les tours et les sous-sols pour ne rien dévoiler de peur d'être jugé, voire même d'être renié par la communauté, les non-blancs dans les ghettos, les personnes âgées dans les EHPAD, puisque souvent les familles ne peuvent plus s'occuper des leurs, et les non-hétérosexuels au cœur de la nuit.

Dans les campagnes surtout, où la diversité de peuplement et de culture est la plus faible, la superstition et les préjugés prédominaient, et la raison s'effaçait souvent sous les peurs irrationnelles. La honte ressentie à l'idée de se singulariser comme la différence elle-même effrayaient. Et l'inconnu, surtout, l'étranger dans lequel on ne se reconnaît pas, qu'on n'apprend pas à connaître, nous paraît un ennemi, une aberration monstrueuse qui vient bouleverser et menacer notre sécurité.

Tout en traversant les galeries du complexe, elle croise et salue une infinité de camarades qu'elle a appris à découvrir et apprécier, et elle sait désormais le nom de chacun, ou presque. Autre singularité de la vie au refuge, l'organisation en communauté a rendu à l'enfance un statut particulier qu'Ella trouve stimulant : intégrés aux discussions, aux tâches des adultes, concernés, donc, par tous les aspects de la vie dans le refuge, les jeunes ont gagné en maturité et en compétences, de même qu'ils sont aussi plus libres de vaquer à leurs occupations, entre confiance accrue des adultes en leur responsabilité et surtout le fait que chaque petit est désormais héritier de l'humanité et, à cet égard, qu'il est davantage la progéniture du groupe que de ses propres parents, même si le lien affectif qui le relie à ses géniteurs demeure évidemment fort et premier.

Tous les enfants bénéficient donc ici d'une multitude d'adultes pour les guider, les accompagner, les écouter. Et cela permet une synergie et une harmonie qu'elle n'a jamais pu observer où que ce soit avant cela.

Que de chemin parcouru depuis les années 2000 où les jeunes étaient de plus en plus souvent laissés en déshérence devant leurs consoles, ordinateurs, smartphones et tablettes — ou bien dans la rue, à la merci des réseaux de délinquance et de criminalité ! Faute de parents disponibles, évidemment, confisqués qu'ils étaient par les nécessités alimentaires et la dictature du chômage qui insufflaient partout angoisse, agressivité et repli sur soi.

Et ce n'était pas nouveau, déjà, de négliger l'enfance alors que c'est là que se dessine l'adulte en devenir.

Ella repense à ses années d'étude en fac d'histoire : au Moyen-âge, les enfants illégitimes ou anormaux étaient d'abord abandonnés ou exposés aux éléments avant d'être recueillis par l'Église, puis, par la suite, dans les hôpitaux, qui offraient peut-être une chance de survie à ces petits êtres, mais le reste de leur vie était rarement digne d'un conte de fées.

D'ailleurs, pense-t-elle, on sait aujourd'hui que le *Conte du Petit Poucet*, que Charles Perrault a écrit en 1697, n'est pas qu'un conte, mais bien le récit de la trop banale misère des enfants abandonnés.

Elle se rappelle avoir lu des registres paroissiaux de l'Ancien Régime, et d'autres des services d'état civil du dix-neuvième siècle, détenus dans les archives de sa municipalité natale. Elle a exercé ce petit travail temporaire lorsqu'elle était étudiante. Elle était chargée de retranscrire les écrits de ces registres sur ordinateur. Ces informations étaient ensuite classées par année de prise en charge de l'enfant, sa date de décès ainsi que son âge, et la façon dont il avait été trouvé : abandonné sur les marches de l'église ou exposé sur un lieu public.

Chaque nouveau-né ou enfant recueilli par l'église était baptisé, prénommé puis enregistré dans les registres. On lui trouvait une nourrice s'il n'avait que quelques jours et si c'était possible. Souvent, selon son degré d'exposition aux éléments avant qu'on le trouve ou les disponibilités des nourrices, ce bébé ne survivait pas. La déshydratation avait raison de sa petite vie : les risques encourus à l'extérieur par ces enfants abandonnés augmentaient évidemment leur taux de mortalité. Certaines mères ne se risquaient pourtant pas jusqu'à l'église, de peur d'être reconnues.

En 1600, l'avortement et l'infanticide étaient passibles de la peine de mort, de même que pour les personnes ayant aidé, s'était horrifiée Ella en le découvrant. Tout comme en prenant conscience que des situations d'extrême pauvreté ou d'extrême violence sociale pouvaient conduire une mère à sacrifier son enfant pour se protéger — et fréquemment, de surcroît.

Lorsqu'il était possible de trouver une nourrice, l'enfant abandonné restait avec elle jusqu'à ses cinq ans. Puis il était rendu à l'hôpital qui s'était acquitté des frais de ses soins tout au long de sa pension chez la nourrice, et ce en dépit des évidents liens qu'il devait avoir établis avec cette mère de substitution ; mais le statut d'enfant valait à peine alors celui d'une vache ou d'une chèvre, tant sa mortalité était élevée et rendait difficile l'investissement émotionnel.

Même si on sait aujourd'hui que ce désinvestissement émotionnel est un facteur aggravant de cette mortalité infantile.

Cet enfant devait à son retour à l'hôpital travailler, et ses besognes étaient des plus dures. Dans le canton d'Ella, plus de la moitié des enfants mouraient dans les deux ans suivant leur retour à l'hôpital, soit entre cinq et sept ans. Ces enfants-là étaient exposés au régime des « chambres de travail », véritables camps de travaux forcés où les orphelins peinaient toute la journée.

Et comme si cela ne suffisait déjà pas à leur malheur, ils contractaient aussi sans doute des maladies à cause de la promiscuité avec les malades soignés dans les hôpitaux.

Ella a en effet été choquée en retranscrivant les données : souvent, avant de pouvoir trouver une nourrice pour un nouveau-né, l'enfant était gardé au sein de l'hôpital, dans les mêmes salles que les malades : beaucoup dépérissaient alors du manque de soins, mais aussi des maladies contractées, de la sous-alimentation et du manque d'hygiène. Ce n'était que rarement qu'ils étaient reconnus de façon légitime. Les préjugés quant à leur provenance faisaient d'eux des exclus et des sous-hommes, des domestiques bon marché, aides aux cuisines et autres servants à l'âge adulte — s'ils survivaient seulement à tous ces supplices. On les exploitait, donc.

Les années 1600 démontraient notre incapacité à accepter tout être né en dehors des mœurs de l'époque. Il ne fallait pas défier l'Église ni les rois.

Juste avant la révolution, en 1789, le taux d'abandon a drastiquement augmenté, ainsi que par la suite. Ce phénomène est propre à toute la France, et a perduré jusqu'en 1793. Une convention a essayé de mettre fin aux abandons en instituant une aide aux mères : ainsi, les « enfants naturels de la patrie » restaient sous la tutelle de la municipalité dont dépendait l'hospice jusqu'à leur majorité. Mais ce n'est que sous l'époque napoléonienne que l'abandon peut se faire sous anonymat pour éviter les infanticides. L'État devient alors propriétaire de l'enfant. En 1848, un bureau composé d'administrateurs de l'hôpital et des représentants de la puissance publique essaiera de convaincre la mère de garder son enfant.

La pauvreté aura eu raison de tant de vies ! déplore Ella en passant devant une des rares fresques représentant leur civilisation d'avant. En effet, Julio et ses émules jettent surtout leur dévolu sur des scènes et modèles de la nature, créant dans la pierre ce qui a manqué au monde pour survivre. Néanmoins, le maître-sculpteur tient à disséminer à petites touches des images de ce qu'on a perdu des créations humaines, à la fois pour témoigner du gâchis et ne pas oublier nos exactions.

Elle s'arrête un instant pour contempler la jungle de béton et ses forêts de gratte-ciel, ses nuages de fumée d'usines et ses troupeaux serrés d'automobiles, ses vols d'avions et ses habitants standardisés, pressés sur les trottoirs. La minutie de

Julio a fait ici des miracles : quelques enfants ont le visage tourné vers le ciel, triste, mais ils marchent dans la foule tirés par la main de leurs parents, et des marginaux assis contre les murs des immeubles prennent des airs de Diogène contemplant le vain flot de la vie humaine.

Et tout autour une terre rase et stérile. Une vision effroyablement déprimante. Qui indigne la vieille enseignante bretonne.

Parce qu'ils ne peuvent l'exprimer alors qu'ils sont tout l'avenir du monde, les enfants ont toujours été les premiers sacrifiés.

Les fléaux comme la peste, les inondations, les grands froids, la sécheresse, la famine, l'augmentation des prix du blé comme les calamités telles que le pillage et les guerres verront le taux d'abandon d'enfants augmenter. Le passage de régiments ou le cantonnement de soldats dans une région est aussi la cause de naissances non désirées qui viennent accroître ce terrible phénomène. En effet, les soldats ont des billets de logement chez l'habitant : on leur doit le lit, la nourriture et la chandelle, et l'occupant superbe prend jusqu'à la cuisse de l'hôtesse ou de sa fille, imposant son désir par la force du fer et de la poudre. Quand la seule fascination pour l'équipement guerrier n'a pas suffi à s'offrir les bonnes grâces de l'habitant.

Si les nobles sont exempts, le petit peuple voit ses économies diminuer, ses réserves fondre, et ses filles se faire violer, ou en tout cas engrosser hors mariage. Et les enfants illégitimes, s'ils survivaient, subissaient une vie de calvaire et d'exclusion autant qu'ils imposaient aux mères bafouées l'opprobre d'une vie de paria.

À l'époque, grimace Ella, les mœurs et croyances de l'être humain ne faisaient pas de sentiment lorsqu'il s'agissait d'honneur, et c'étaient trop souvent les femmes qui en payaient le prix le plus fort, et jusqu'à maintenant encore, d'ailleurs. Pourtant les rois et l'Église possédaient des richesses suffisantes pour enrayer la pauvreté. Mais cela relevait alors de l'utopie, convient-elle, puisque le combat pour un partage juste des richesses est resté jusqu'à cette guerre la même nécessité immuable.

Et pourtant une grande majorité des femmes travaillent et contribuent au revenu du ménage.

Et pourtant on tient compte des besoins des enfants et des familles pour augmenter les ressources des foyers ou baisser leurs charges.

Mais on se tue partout à la tâche pour tenter de survivre, le bonheur tenu hors d'atteinte par des inégalités de plus en plus criantes et un modèle de développement qui place la consommation frénétique comme seule source de bonheur.

Du moins était-ce ce qui se passait avant.

Avant la guerre.

Avant la vie ici, au refuge.

Et que toute cette frénésie inefficace de surproduction ait détruit la planète.

Mais le poids des factures, des dettes, des coûts environnementaux et autres redevances était de plus en plus élevé, la gestion des finances publiques mal administrée, et cette incompétence nous a engloutis au fur et à mesure des siècles.

Les préjugés plus récents ont pris les immigrés pour cibles, et les crimes commis par les États pour interrompre les migrations, rejeter les migrants et les faire disparaître du paysage médiatique ont été la cause de cette crise mondiale, cette impasse qui a provoqué la troisième guerre mondiale, celle de la survie, dans laquelle les pays anéantis par le réchauffement climatique doivent conquérir les territoires de leurs anciens bourreaux pour échapper à la mort.

Le poids de l'histoire.
Les chaînes de nos responsabilités.
Tout est lié.

Si on n'apprend pas de nos actes passés, nous répétons les mêmes erreurs, et les conséquences de nos méfaits s'aggravent de génération en génération.

Ella secoue la tête et reprend sa marche vers l'école de la caverne à travers les galeries creusées dans la roche.

Depuis son arrivée ici, la vieille enseignante a plus parlé et écouté qu'au cours de toute sa vie : chaque jour, chaque soirée, surtout, apporte son lot d'échanges et de débats. Le consensus est désormais inéluctable. Les responsabilités générales sont assumées, les travers libéraux identifiés, les acteurs les plus nocifs de l'ancien système suicidaire ont été circonscrits, et le constat, s'il est amer devant l'échec entier d'une civilisation millénaire, présente le formidable espoir de partir sur un nouveau projet de vie : l'homo frater.

Serait-il l'ébauche du prochain leader ? Avec ces nouvelles connaissances désormais acquises, on pourrait facilement en définir les qualités et en énoncer les traits qui seraient souhaitables pour une nouvelle démarche humaine. La résultante robuste d'un peuple qui saurait désormais où sont ses intérêts.

Car, avec ce frère, il existe un lien indéfectible, celui de s'être enfin libéré de ses chaînes : il prend ses racines dans la certitude de faire partie d'un même ensemble, celui du devoir et du plaisir d'œuvrer à son bonheur. C'est cet homme-là qui est né dans la caverne, et le Sous-bois étoilé brille d'un feu tout neuf et plein d'une volonté sans faille qui réchauffe les cœurs et les esprits.

Et c'est donc dans l'humilité de pouvoir considérer les failles et les forces de l'être humain que l'on incarne ce que l'on recherche pour que l'humanité puisse s'épanouir en une entité saine et définie : on sait enfin ce qu'il faut faire.

Et ça, ça fait du bien au moral d'Ella, qui pense soudain pouvoir se passer d'anxiolytiques.

Avant que ce conflit apocalyptique ne se déclare, se rappelle-t-elle, les populations s'éveillaient doucement — beaucoup trop lentement pour celles et ceux qui avaient conscience de l'inéluctabilité de cette mécanique fatale dans laquelle notre civilisation jetait ses dernières forces en même temps que ses dernières réserves arctiques de carburant fossile. Nous avions en effet enfin compris qu'il fallait changer de société, et qu'on ne pouvait faire tenir tout un système sur le fait de vouloir grandir en puissance en piétinant les plus faibles qui ne cherchent qu'à survivre. Mais il était trop tard alors pour que cette illumination suffise à dissiper les ténèbres accumulées au-dessus de nos têtes.

S'il existe un Dieu, quelque part, ou un génie au fond de cette caverne aux merveilles, songe Ella en souriant, qu'il exauce son vœu : si on se sort de cette caverne encore vivants, on en aura eu assez de s'autodétruire, et il sera temps de faire différemment.

Voilà qui serait beau !

Qui sera beau.

Tout ce que l'on a accompli jusque là n'était basé que sur nos désirs et notre égoïsme. On a un tel orgueil, un tel sentiment de notre valeur ! Mais nous serons bien moins précieux si nous n'existons plus, pense sombrement Ella. Il faut donc penser à faire mieux, et vite.

Enfin, elle pénètre dans son royaume. Julio a vraiment fait de ce lieu un espace incroyable ! Ils sont sous terre, mais le plafond gravé d'étoiles, de nuages et d'oiseaux, d'un soleil et d'un arc-en-ciel rétablit presque l'illusion d'être en surface ; les murs ne sont pas en reste non plus, avec de fausses fenêtres en trompe-l'œil donnant sur des jardins de pierre foisonnant de plantes et d'animaux pétrifiés.

Et partout les couleurs viennent trancher sur la grisaille de la pierre et des soucis.

Le sculpteur a également gravé les meubles de sorte qu'ils paraissent vivants, grouillant de formes de vie qui rappellent toutes les beautés éteintes de la surface. En fait — et c'est là que, vraiment, Ella et Julio sont sur la même longueur d'onde —, il a reconstitué dans le décor minimaliste de la caverne la diversité du monde connu, de sorte que contempler la pièce, c'est déjà voyager, découvrir, apprendre et comprendre.

D'ailleurs, les enfants déjà présents ne l'ont pas attendue pour venir suivre du doigt les courbes de la pierre et du bois, ou bien celles, plus fines et hardies, de livres et manuels. D'autres encore, studieux, s'attellent à des exercices de lecture ou d'écriture et, pour les plus âgés, à des activités plus complexes encore.

En définitive, en quelques semaines sans écrans, tous les enfants se sont reconstruits pour donner toute latitude à leur curiosité, nourrissant leur soif d'apprendre à tous les supports, reprenant plaisir à l'effort qui construit, qui élève, qui enrichit.

Et les adultes, eux, sans longues heures de travail, sont désormais disponibles pour accompagner leurs enfants dans leurs développements affectif et socio-culturel. Ella se conforte dans l'idée que ne peuvent se développer dans ce refuge que des humains bons et sains. On sera peut-être porteur d'une lourde et sombre Histoire, mais aussi les prochains acteurs d'un futur qui pourrait se montrer assez digne pour être qualifié d'humain.

Parce que la perspective est claire : les temps sont cruciaux, et on n'a plus le droit de se tromper. Apprendre, c'est donc défricher un avenir meilleur et chasser les spectres de la guerre.

Observer ses étudiants qui s'élèvent presque seuls,

s'entraidant, s'attachant à conquérir leur autonomie, c'est quelque chose qui l'émeut et la ramène à nouveau aux insondables soubresauts de l'histoire de ces enfants abandonnés et condamnés.

Le sort de leurs mères non plus n'était pas enviable, alors, qui se voyaient déjà contraintes d'abandonner leur enfant, et qui devaient ensuite affronter une disgrâce cruelle au sein même de leur propre famille — quand elles y conservaient leur place. Déshonorer sa famille était la conséquence la plus redoutée de tous ceux qui cherchaient à vivre différemment pour se sentir en accord avec leur monde intérieur. Quand il s'agit d'honneur, les êtres humains peuvent être impitoyables, et les mœurs qui se développent sur ces principes rigides s'ensuivent déplorablement, puisque l'honneur tient le plus souvent du sentiment de supériorité aux autres : trouver plus pauvre que soi nous élève toujours un peu plus, au final. Oui, c'est aussi bête que ça : s'élever, c'est enfoncer l'autre plutôt que de monter soi-même. Tellement plus facile.

Tellement plus méprisable.

Qu'est-ce qu'on peut être ignorants ! pense tristement Ella.

Dans sa classe, pas de concurrence cruelle et avilissante entre ses élèves. Elle veille avec un soin jaloux à ce que chaque enfant ait conscience de ses qualités et défauts et cherche à s'améliorer pour lui-même. Mais elle doit reconnaître que c'est plus facile au Sous-bois étoilé que ça ne l'était à la surface. Ici, il suffit de formuler un besoin pour que quelqu'un propose son aide. C'est aussi simple que ça.

Sidérant de simplicité, même.

En Bretagne, elle était seule pour une trentaine d'enfants, et tout besoin particulier faisait l'objet de procédures administratives interminables, de rendez-vous et de réunions innombrables, et tout ce parcours du combattant semblait surtout servir à alimenter la statistique et à justifier des postes obscurs plutôt qu'à solutionner les problèmes !

Comme si l'Histoire se répétait, encore et encore, et qu'après avoir investi l'enfance il fallait à nouveau la délaisser.

Si l'Église ne reniait pas les nouveau-nés abandonnés sous l'Ancien Régime, ils étaient toutefois considérés comme des brebis corvéables de Dieu plus que comme des sujets réels de son royaume terrestre, et il a bien fallu, à travers les siècles, donner de la valeur à tout être humain et inventer des lois permettant à chacun d'avoir une chance de survivre, et dans de meilleures conditions. Voire même qu'il ait les mêmes chances que les autres de s'en sortir, pour peu qu'il respecte les règles et fasse de son mieux.

Mais l'esprit de celui qui s'installe pour dominer est parasité par les croyances et les normes qu'il fabrique pour se rassurer et qui font de lui un être qui finit par oublier de penser.

Il est déjà difficile de s'élever dans la société ; l'homme ne va pas, dans la majorité des cas, s'encombrer d'un enfant alors qu'il doit déjà peiner pour survivre, sauf si sa société le lui impose, parce qu'il faut des soldats, parce qu'il faut des travailleurs, parce qu'il faut des fidèles, parce qu'il faut des consommateurs. Toujours plus.

Pourtant, il y a un tabou évident sur la sexualité humaine et les besoins sexuels de l'humanité, qui ne sont clairement envisagés que par le prisme des normes et de la religion, qui font qu'on doit se vouer à devenir parents pour perpétuer la vie.

En revanche, tout se passe comme si la conception des enfants était distincte de la sexualité, comme si le premier phénomène, sacré et magnifique, était incompatible avec le second, barbare, animal, sordide et sale. Ce qui relève réellement des besoins naturels des hommes et des femmes n'est toujours pas ouvertement discuté : l'envie d'avoir un enfant ou non, le désir sexuel ou son absence, et les manifestations de la sexualité. Il faut dire que l'évolution des croyances et des préjugés basés sur l'ignorance et la tradition est laborieuse, et que, si les connaissances progressent rapidement, leur diffusion est lente et sans cesse ralentie et attaquée par les tenants d'un ordre qui les avantage : les hommes sur les femmes, surtout, et plus particulièrement les riches sur les pauvres et les blancs sur les autres couleurs. Aujourd'hui encore, on se bat toujours aussi intensément pour l'égalité des droits entre hommes et femmes.

Du moins on se battait, du temps où la surface abritait encore des sociétés de droit.

Mais ici, sous terre, leur communauté est comme une symbiose. Oui, il y a des débats, des désaccords, et même des disputes, mais on n'a jamais vu depuis qu'Ella est arrivée le moindre argument raciste ou sexiste servir à empêcher l'expression d'une opinion ou d'un argument. Même les enfants sont écoutés avec bienveillance, considérant qu'ils ont certes une compréhension partielle des choses, mais que la simplicité de leur approche peut parfois apurer des situations qui apparaissent aux adultes complexes à cause des trop nombreux facteurs qui viennent interférer.

À l'époque, la priorité était surtout de survivre, et les mœurs et croyances reflétaient aussi cette nécessité. Mais ces mœurs fondées sans objectivité ne leur ont certainement pas facilité la tâche. L'Église était contre la contraception et l'avortement. Empêchés par les lois, les concoctions et autres contraceptifs utilisés malgré la censure ne devaient pas se développer, et l'efficacité de tels moyens de prévention ne pouvait être que douteuse. On peut à peine se représenter l'horreur que les faiseuses d'anges faisaient régner un peu partout de leurs aiguilles à tricoter ou de leurs potions, et combien de femmes sont mortes pour avoir cédé trop facilement au mauvais homme ou pour avoir eu des familles trop autoritaires, ou encore vécu des rencontres malheureuses. Et celles qui survivaient, souvent stériles, venaient nourrir les rangs des répudiées de cloître qui peuvent seulement par une vie de prière et de sacrifice espérer se racheter une place au paradis pour avoir aimé ou subi la violence — s'il était possible dans un monde misogyne qu'une femme obtienne le pardon.

Le poids des conditionnements sociaux et des religions, des traditions, nous freine donc dans l'évolution humaine, et nos comportements reflètent ces mentalités soumises aux doctrines. Mais sont-elles respectables, ces traditions, ces normes, ces valeurs qu'on se transmet de génération en génération et qui nous empêchent de nous élever au-dessus de la violence et de l'irresponsabilité ? Ne pouvons-nous donc pas réfléchir indépendamment et réussir à unir les peuples vers un but commun pour la survie de tous ? Quelles sont nos options, en réalité ?

Aucune autre, tranche Ella.

Chacun pense avoir raison lorsqu'il recommence les mêmes erreurs en oubliant de se rappeler son histoire et comme nos ancêtres nous ont écrit de leur sang et de leurs hontes les chemins à ne pas suivre.

Décidément, pense-t-elle en se moquant d'elle-même intérieurement, *je suis devenue une vieille bique qui radote !* Elle a en effet l'impression de ressasser les mêmes réflexions critiques depuis des décennies. Et ce soliloque est clairement obsolète, maintenant qu'il n'y a plus de monde à sauver.

Elle chasse son défaitisme de ses pensées et se force à observer ses élèves. Partout dans sa classe, ils coopèrent ou s'attellent studieusement et sereinement à leurs activités, prenant plaisir à découvrir, à apprendre, à conquérir leur héritage et leur humanité.

Pour un peu, des larmes émues viendraient nourrir son sourire de satisfaction. *Si seulement on avait réagi plus tôt...*

Elle se rappelle ses cours d'histoire. Dans l'Antiquité, les individus nés gauchers étaient stigmatisés comme représentant le mal, les mauvais présages, et possédaient un statut social dégradant. Et cette tyrannie superstitieuse des droitiers est venue se renforcer d'abord par la religion, qui reliait l'utilisation innée de la main gauche à une filiation diabolique, puis par l'instruction publique, qui y voyait une anormalité, un caprice à discipliner avec sévérité, voire violence.

En effet, par conformisme social, toutes ces convictions qui nous paraissent infondées aujourd'hui, voire même ridicules et honteuses, avaient pourtant force de loi à l'époque, et ce sans aucun fondement scientifique — ce qui n'empêchait pas une prolifération d'essais et de discours théoriques plus ineptes les uns que les autres pour justifier cette absurde et cruelle chasse aux sorcières dont étaient victimes les gauchers, les homosexuels, les handicapés et, de manière générale, toutes celles et tous ceux qui, par leur physique ou leur comportement, se distinguaient d'une norme réduite à la plus simple expression de l'humanité : des travailleurs soumis aux rois, aux patrons et aux curés — et des femmes soumises aux hommes.

Pourtant, on ne se demande même pas ce qu'elles sont devenues, désormais, songe Ella. Ces aberrations de la pensée tombées en désuétude nous paraissent folles, lointaines, disparues — et pourtant elles attendent de pouvoir revenir, tapies dans les ombres de l'âme humaine, guettant le moment où le niveau d'ignorance permettra la réémergence de ces croyances fumeuses dont le seul but est de consolider la hiérarchie sociale en donnant aux exploités des victimes plus faibles sur lesquelles se concentrer pour ne pas contester le pouvoir en place.

C'est ce qui s'est passé avec cette guerre, déplore

l'enseignante : le racisme camouflé derrière la crainte d'une attaque subie, d'une pénurie, et qui justifiait tous les égoïsmes, toutes les exactions.

Il ne semble pas nous être venu à l'esprit que l'infinie variété de nos physionomies est une raison évidente pour qu'il existe naturellement et de manière légitime une variété de pensées et d'opinions, d'actions et de valeurs diverses.

Non, il faut attendre les preuves scientifiques pour changer les mœurs, et surtout que ce fait avéré par les sciences se diffuse et s'installe jusqu'à devenir la réalité. Mais c'est long.

Et nos sociétés prédatrices étaient trop voraces pour nous laisser le temps d'évoluer à ce rythme effroyablement lent.

En attendant, le rejet reste le réflexe le plus naturellement utilisé par l'humain lorsqu'il rencontre un pauvre être qui a eu le malheur de naître avec des caractéristiques qui ne sont pas en odeur de sainteté pour son siècle ou sa région.

Et on en revient toujours à ce défaut d'altruisme, constitutif des sociétés de concurrence où il s'agit de dominer pour ne pas être dominé. Nos pensées ne s'intéressent guère à ce que peut ressentir une personne. Ce sentiment n'est qu'appris, et il n'est que très rarement utilisé si la majorité dominante ne le décide pas ni ne l'incarne.

En résumé, l'éthique ou la morale n'existent que dans la mesure où elles servent à justifier un bien commun, mais c'est la définition de ce bien commun, seul enjeu capable de fédérer des humains égoïstes, qui est problématique, tant c'est une notion flexible — et tant les individus sont manipulables, dès lors que les effets de manche sont convaincants et les victimes tentantes. Il est en effet facile de convaincre une majorité molle lorsqu'on dispose d'une minorité décidée. Adolf Hitler, par exemple, ce tyran raciste que tous ou presque reconnaissent désormais comme un criminel de guerre, et dont les thèses nazies sont presque partout unanimement réprouvées, n'a pourtant mis que quelques années pour accéder au pouvoir et imposer une dictature barbare et meurtrière soutenue férocement par une majorité.

Comme si les masses n'attendaient que l'assurance de l'impunité pour laisser libre cours à leur sauvagerie.

Hitler l'avait vite compris et le disait lui-même, « si vous désirez la sympathie des masses, vous devez leur dire les choses les plus stupides et les plus crues » ; et c'est aussi simplement qu'il a conquis les esprits et conduit la majorité de ses contemporains vers une mort qui a hanté la mémoire des survivants, et qui sera notre héritage tant que tous les livres d'histoire en perpétueront le souvenir et, à l'occasion, tous ses conteurs qui se font un devoir d'enseigner les erreurs du passé aux décideurs de demain.

Et c'est à ce moment de sa réflexion, qu'Ella prend pleinement conscience qu'elle est exactement là où elle a toujours rêvé d'être, là où l'humanité s'invente enfin, se construit, et là où, vraiment, ses actes ont de l'importance, et où la vie compte.

Elle circule à travers les tables, regardant par-dessus les épaules le travail accompli, souriant tendrement des efforts déployés par chacun pour progresser. En passant, elle donne quelques conseils, répond à quelques questions, mais, dans l'ensemble, les activités qu'elle a préparées correspondent exactement à ce à quoi ses élèves peuvent se confronter, et le défi ne les effraie pas. Ils ont tant perdu par ailleurs qu'ils connaissent désormais dans les replis les plus intimes de leur être la valeur de la connaissance de soi et du monde, du savoir et de l'intelligence.

De quoi résister un peu mieux aux prochaines poussées d'enthousiasme guerrier.

On a justifié le pire par ces croyances qui nous paraissent absurdes aujourd'hui et qui avaient pour seul but de nous faire oublier nos peurs et notre culpabilité. Mais, bien évidemment, ces croyances n'ont pas su apaiser les angoisses de cette masse d'esprits subjugués par la peur, puisqu'elles n'ont fait qu'ajouter violences et rancœurs réelles sur les haines irrationnelles qui les avaient provoquées, et ces bravades d'honneur militaires n'ont fait que transformer un monde médiocre en quelque chose d'encore plus sombre.

Alors il faut entendre et raconter ces récits où la vie a été niée au profit de la mort, et la haine préférée aux dépens du bonheur. Il faut faire fructifier et vibrer le souvenir de ces résistants dont l'abnégation a permis de sauver des vies humaines et de faire naître une autre idée d'humanité plus brillante. Mais, pour cela, il faut que quelques passeurs instruits survivent avec une histoire à raconter, et qu'on les écoute, et qu'on chérisse leur récit pour le partager, et qu'on amplifie cette voix du passé afin que l'avenir s'en fasse un tuteur pour monter plus haut vers la lumière.

Oui, l'horreur tapie dans l'ignorance finit par resurgir, mais la vérité rejaillit toujours au grand jour, et ce n'est souvent qu'une question de temps avant que tout soit remis en cause — le pire comme le meilleur, puisque tout est lié par cette logique de cycle qu'on ne peut enrayer qu'en permettant à l'altruisme de se développer, cette valeur qui seule peut inciter à prendre en compte la voix d'autrui, son aïeul comme son descendant. Aujourd'hui, on se rend bien compte que l'on a eu tort : ce n'est pas parce qu'on est différents qu'on n'est pas semblables, membres d'une même espèce et dans l'incapacité de se rencontrer, de s'enrichir mutuellement et de s'aimer !

C'est de toute évidence notre capacité à évaluer les choses qui doit être remise en question. À travers l'histoire et les civilisations, nos ancêtres sacrifiaient enfants, adultes, animaux et nourriture dans l'espoir de calmer les dieux. Nous avions peur de quoi, au juste ? s'interroge Ella. De la mort qui frappe au hasard, ou que personne ne nous protège des conséquences de nos actes et qu'on doive en assumer la pleine responsabilité ?

Elle caresse en passant la tête d'un garçonnet qui s'applique sur un coloriage de planisphère. Après avoir repassé en rouge les traits des frontières imposées par les guerres passées, il colorie en jaune les zones sinistrées par le réchauffement climatique et hachure en noir celles ravagées par la guerre en cours.

Rouge pour le sang versé pour dessiner ces lignes. En vain.
Tellement de jaune.
Tellement de noir.

Et jaune comme noir se moquent bien de ces ridicules traits tracés en rouge sur de pauvres cartes.

Oui, la majeure partie de la population, ignorante, n'a fait que suivre à travers les siècles ceux qui prétendaient savoir, avaient raison parfois et se trompaient souvent. On pourrait en écrire une tragédie humaine, songe Ella, car les cycles historiques se répètent, et l'on continue de s'abîmer lamentablement après chaque essor de civilisation.

Tout ça par mesquinerie.

On est plus intéressé par ce que fait et possède le voisin que par ce qui peut nous rendre heureux et embellir notre avenir ; alors, on a vite fait de désirer ce qui ne nous appartient pas et dont on est dépourvu, avec un sentiment d'injustice qui nourrit notre haine pour autrui. Et on laisse parler sa cupidité et sa jalousie jusqu'à ce que ce qui nous manque soit à nous. Et on réagit tous ainsi jusqu'à ce que cela devienne la norme.

Tous méprisables et superficiels.

Et, quand la mode a bien conquis la foule de sorte que la plupart se ressemblent et se rassurent de pouvoir se confondre dans la masse, une autre mode naît sans que l'on s'en aperçoive, et la spirale haineuse de la jalousie et de la course au conformisme reprend.

Et ce n'est que lorsque quelque chose ne semble pas devoir se répandre, que ça sort du nombre, que ça questionne la masse, que ça remet en cause la mode et que ça devient, par sa différence et son indépendance, une critique de nos coutumes, une menace, c'est alors seulement qu'il devient difficile de se défaire de l'idée que cette chose ou cette personne représente un danger pour nos croyances ou nos habitudes, qu'elle met en péril notre sécurité.

C'est lorsqu'on fait société que ces normes deviennent les mailles d'un cercle vicieux : puisqu'on est dépendants volontairement ou involontairement les uns des autres, on s'entretient mutuellement dans cette logique du pire, soit par mimétisme aveugle, soit par découragement lâche, soit par bassesse hypocrite pour n'être pas celui qui se prive des bénéfices du système en luttant contre lui de manière trop isolée.

Dans le même ordre d'idée, pense Ella, vaguement conscients de nos torts, nous nous enfonçons instinctivement dans le déni des conséquences de nos actes, perpétuant les normes sociales génération après génération.

Sauf crise majeure qui nous force à ouvrir les yeux.

Serait-ce réellement notre talon d'Achille indépassable que de désirer sans compter et d'omettre d'évaluer les conséquences de nos comportements et de nos croyances, sans prendre en considération la valeur de l'autre ?

Non. Ella ne veut pas le croire. Nous n'y sommes simplement pas obligés. Rien de ce genre n'est déterminé, et elle refuse un tel fatalisme. Être doué de pensées ne suffit pas à faire que l'on se protège les uns et les autres : la valeur que nous attribuons à chacun n'existe que selon notre bon vouloir. Et c'est cette volonté de reconnaître la valeur d'autrui qui s'apprend — qui doit s'apprendre. Alors, considérer la valeur de chacun dans son ensemble ne ferait, justement, qu'accentuer la solidarité et notre connaissance de soi et des autres, celle qui devrait être si précieuse aux yeux de tous.

On met tant de temps et d'énergie à élever un être humain que c'est stupide de le laisser se faire meurtrir durant sa vie par des violences liées à des croyances sans légitimité et nuisibles. Il serait si facile de s'épargner tant de peines si elles n'étaient pas utilisées par d'autres dans le seul but de nous faire désirer la sécurité fallacieuse de rites admis depuis des générations sans en questionner les fondements.

Ella se rappelle tout à coup les convictions inébranlables de sa tante, qu'elle tirait d'une éducation axée sur l'altruisme. Biologiste depuis de nombreuses années dans un laboratoire de recherches en génétique, elle avait dans l'idée que les femmes souffrant d'anxiété lors de leur grossesse secréteraient des hormones qui conditionneraient des êtres homosexuels. Comme si le stress des femmes dû aux malheurs de l'évolution de la société humaine était un facteur déterminant dans la génération de vies nouvelles plus adaptées, songe Ella. Ce serait ainsi que certains naîtraient avec une prédisposition à l'homosexualité — pas comme une anormalité, cependant, mais en réponse naturelle aux besoins de notre espèce. En effet, il ne serait pas étonnant que les homosexuels soient les garants de l'humanité : la nature est bien faite, et on aurait des hommes et des femmes, pense Ella, mais ceux-ci sortiraient d'un clivage qui sépare pour accéder à un nouveau degré de considération pour l'humain, un lien plus fort avec l'ensemble de ses semblables, puisque les humains se désireraient plus largement, et qu'il y aurait moins de chance qu'ils s'entretuent.

D'ailleurs, sa tante en était persuadée : ces êtres sont

connectés de façon différente des hétérosexuels traditionnels éduqués dans des schémas sexistes et concurrentiels. Leur pensée est plus profonde, plus altruiste, peut-être à cause des bouleversements vécus dans la construction difficile de leur identité dans ce monde qui les juge comme anormaux. Ou, selon sa tante, du fait de la combinaison singulière de quelques molécules génétiques que nous ne connaissons pas encore. Ils ont souffert davantage et font plus attention à la souffrance des autres. Condamnés au nom d'une différence qui est leur normalité, ils ont davantage que d'autres la faculté de prendre en considération les écarts à la norme et d'intégrer la différence.

Bien sûr, il y a toujours des exceptions à cette tendance, mais elle se vérifie toutefois souvent. L'idéal étant bien sûr qu'on puisse s'aimer sereinement et mutuellement en dépit de nos origines, de notre éducation, de notre sexe… Pourvu qu'on se veuille et se fasse du bien.

Mais cette théorie de sa tante avait un mérite particulier pour Ella : celui d'ouvrir à la possibilité que certaines femmes ressentiraient biologiquement les déséquilibres du monde, et que les mutations qu'elles impulseraient dans le genre humain seraient la preuve par les faits d'une intelligence d'espèce décelable, et donc d'une faculté humaine à évoluer en cas de besoin. Serait-ce par souci d'autopréservation ou bien de l'autosuggestion ? Sa tante envisageait toute sorte d'hypothèses, se rappelle-t-elle. Les femmes seraient-elles si bien connectées aux besoins de l'espèce qu'inconsciemment, en plus d'avoir la capacité de procréer, elles préserveraient de temps en temps le genre humain en modifiant son génome de sorte qu'il développerait chez nous des capacités intellectuelles et émotionnelles nous permettant de ne pas nous autodétruire ?

Face à l'injustice des normes sociales imposées majoritairement par le patriarcat, qui a le plus souvent dominé, seraient-elles finalement plus précieuses que les hommes dans ce rôle d'autopréservation, plus influentes ? Ce serait une belle revanche de la biologie sur l'Histoire, si cela était avéré. Dans une grande majorité des cas, l'homme a l'avantage d'être physiquement plus fort que la femme ; en contrepartie, la femme aurait-elle aussi la faculté de protéger sa descendance ?

Elle ignore jusqu'où sont allés les travaux de la vieille Adélaïde. Voilà plusieurs années qu'elle ne donnait plus de nouvelles et, à sa connaissance, ses conclusions n'ont toujours pas été publiées... Elle revoit le visage concentré de sa tante dans son labo, devant les microscopes et son ordinateur... Ella aimait bien aller l'observer, quand elle était enfant. Il se dégageait d'elle une telle détermination qu'elle avait à ses côtés l'impression que tout était sous contrôle, et qu'il n'y avait rien à craindre tant qu'elle resterait près d'elle.

Et puis la vie les a éloignées, et elle a rencontré son mari, et elle a laissé sombrer dans l'oubli toutes ces formidables théories qui lui reviennent désormais.

Comment expliquer autrement l'harmonie qui semble régner dans la caverne ? Le loup peut-il spontanément redevenir agneau, ou bien sans le savoir les loups qui s'entredévorent en surface ont accouché d'agneaux libérés des chaînes de la prédation sanguinaire de leurs aïeux ?

Les êtres humains sont si fragiles, à la merci de tant d'accidents, et nos liens d'attachement en perpétuelle évolution : en l'espace d'une seconde, le temps peut s'arrêter pour chacun d'entre nous, des liens se rompre et nous laisser agonisants et seuls sur le carreau. Alors, que toute l'espèce s'éteigne est loin d'être une crainte absurde. Sa tante en était tellement sûre, se souvient Ella : mettre au monde un humain nouveau doté d'une intelligence autrement plus généreuse permettrait à l'Homme de faire différemment, cela semblait être une évidence dans l'esprit de la chercheuse, et une conséquence logique à la diversité du genre humain et à son évolution, en convient Ella, qui l'observe justement dans sa classe et dans le refuge.

C'est une évidence.

De là à des politiques eugénistes, elle le sait, il n'y a qu'un pas, mais ces travaux avaient le mérite de mettre en lumière une faculté positive de l'humain : son adaptabilité. Et c'est un espoir à chérir précieusement en ces temps troublés.

Beaucoup d'homosexuels ont pu prouver leurs qualités, et chacun, par ses capacités propres, a donc bien eu un rôle à jouer, une richesse à apporter, rien que par le fait d'être né différent. Mais est-ce l'homosexualité qui associe cette qualité à l'individu ou l'adversité qui s'oppose aux homosexuels qui construit cette force morale ? Il est intéressant de se poser la question, car, comme toute théorie créée par l'Homme, il serait important d'y réfléchir.

Ce que l'on sait aujourd'hui, c'est que nos croyances et nos peurs conditionnent notre morale et notre éthique, et que celles-ci peuvent freiner l'acceptation des différences. L'humanité ne pourra justement pas faire preuve d'altruisme ni de fraternité si elle ne se remet pas en question. Car, une fois les croyances ancrées, les populations concernées par la différence courent un risque de souffrir injustement, comme elles l'ont éprouvé à travers l'histoire. Puisque la vérité semble résider dans ce que l'on voit, la population homosexuelle pâtit grandement de notre manque de tolérance : les taux d'agressions subies et de suicide chez les homosexuels sont tout à fait alarmants et indignes. On leur nie donc le droit que tout être humain a de ressentir et d'être lui-même dans sa propre existence.

Le mépris de la différence est donc un outil que l'on utilise quand cela nous arrange pour nous épargner les remises en question, mais on gagnerait en dignité humaine à combattre et en changeant nos propres valeurs. La grande qualité de l'Homme réside donc dans sa capacité à pouvoir raisonner et, si cela lui est souhaitable, de faire abstraction de ce qui diffère de ses habitudes, même si cela ne semble tout d'abord pas être compatible avec ses valeurs. Ainsi, si on se montre capables de comprendre l'intérêt vital de l'empathie pour s'enrichir mutuellement, tout devient possible, et il est alors temps d'évoluer plus vite que les machines derrière lesquelles on se cache et qui nous détruisent.

Prendre soin de chacun passera par conséquent pour une évidence absolument primordiale dans le développement humain. Il ne servirait en effet à rien, par exemple, d'explorer une autre planète potentiellement habitable sans questionner en profondeur la manière positive dont nous pourrions l'habiter. Ce serait comme connaître le théorème de Pythagore mais ne pas l'utiliser lorsqu'on en a besoin. Le résultat risque de ne pas être à la hauteur de nos ambitions. Avec la menace imminente d'extinction qu'ils subissent à présent au Sous-bois étoilé, il devient évidemment crucial de fonder la valeur de l'être humain sur des buts et des moyens qui leur garantissent un avenir.

Donc, pour Ella, le terrain théorique des impulsions humaines contre les différences est toujours à prendre avec des pincettes, et elle veut seulement retenir que l'avenir de l'humanité est dans l'altruisme, et que cette fraternité ne se construira que sur l'acceptation de toutes les différences, car il n'y a que comme ceci que l'on peut donner une chance à chacun de s'épanouir, car le simple fait qu'il soit né lui en donne le droit, et à sa société le devoir de le lui permettre.

Elle salue Carla, qui vient d'arriver. La vieille femme a plus de quatre-vingts ans. Toute menue, elle avance à petits pas et, alors qu'Ella l'a rencontrée courbée et effacée, comme attendant déjà la mort, presque surprise et contrariée d'être encore vivante dans ce refuge alors que le monde est devenu fou, elle a vite sympathisé avec elle. L'enseignante a en effet très vite compris que sa longévité lui a apporté une expérience précieuse qui sera d'autant plus essentielle à ses élèves, à ces citoyens de demain qui constitueront la nouvelle humanité, que les historiens n'ont pas eu le temps de saisir les soubresauts fatals de ces dernières décennies.

Elle a donc invité Carla à venir témoigner de l'Histoire telle qu'elle l'a vécue. Et la démarche a fait boule de neige, les quelques anciens parvenus au refuge lui ayant rapidement emboîté le pas pour constituer une sorte de guilde de la mémoire qui sévit en classe et dans les soirées collectives.

Dans la caverne, ainsi, même les plus âgés dont le corps devient inapte à l'effort ne se sentent plus inutiles : ils ont leur expérience d'une vie pour compenser les défaillances organiques, et ils font bon usage de leurs connaissances et anecdotes pour transmettre savoir-faire et compréhension des erreurs du passé. Par ce biais, ils contribuent donc fortement à créer du lien dans la communauté. Ils en sont les racines et, ce faisant, les pourvoyeurs de sève et de sens pour tendre plus haut et plus dignement les nouveaux rameaux de leur espèce !

De découvrir le passé pour la première fois, ou plutôt de le considérer ainsi à travers l'expérience de son prochain, permet aux auditeurs de se décentrer et de grandir en altruisme et en compréhension des autres et de soi, et donc de se rendre davantage disponibles et capables pour avancer vers un but commun.

Et c'est beau à contempler, une humanité qui renaît dans le partage et la bienveillance, se répète souvent Ella lorsqu'elle contemple les yeux brillants d'émotion les regards fascinés des assemblées pendues aux lèvres des anciens, chaque soir de veillée.

Et c'est cette béatitude professionnelle qu'elle ressent quand elle œuvre dans sa classe souterraine.

Car Ella, face à la technocratisation des savoirs, le matérialisme de l'existence et l'individualisme consumériste, n'a jamais pu vivre son métier avec un tel sentiment de sens.

Les guetteurs, tels que Jean et Kaleb, leur font savoir lorsqu'il est possible de profiter un peu du soleil et de sa chaleur naturelle, à l'extérieur. Les sorties sont devenues des moments intenses de communion avec la nature qui fait tant défaut dans leur abri minéral, et ils ne manquent pas d'en revenir tout chargés de sensations que l'omniprésence du danger rend irremplaçables et uniques : parfums d'humus et de plantes, musique des petites créatures des sous-bois, chant mystérieux du vent dans le feuillage, caresses du soleil et de la brise, goût envahissant des essences sauvages que leur enseignante leur fait découvrir...

Tous liés pour la nuit des temps et rarement seuls, personne n'est plus inutile ou indésirable, car, dans ce conflit qui est peut-être sur le point de mettre fin à leurs existences, chacun devient précieux par sa seule présence, comme un livre passionnant restant à découvrir, celui contenant le savoir-faire de chacun, et son histoire, son expérience, sa sagesse. Une forme de richesse que l'on n'aurait même pas daigné concevoir si l'on ne s'était pas retrouvé au fond de cette caverne, songe Ella. Dommage d'avoir dû en arriver au bord de l'extinction pour parvenir à accepter cette coopération face à un même défi, pour s'harmoniser, pour mélanger les qualités de chacun et apporter à tous son énergie, ses ressources, pour instaurer ainsi un équilibre heureux et solide.

Ce n'est certes pas idéal de vivre caché, mais au moins on peut survivre, et, à bien des égards, on vit mieux ici dans le dénuement de cette vie de reclus que pendant les deux siècles passés à sacrifier librement tout ce qui aurait pu faire la beauté du monde et de la vie. Car, surtout, chacun sachant intimement son histoire qui l'a conduit ici, on vit ensemble et redécouvre ce qui nous fonde en tant qu'espèce. Après avoir perdu tout ce qu'ils avaient et qui les déterminait, mais qui les laissait privés de bonheur et de sens, ils deviennent à présent riches d'enfin se connaître eux-mêmes et les autres, heureux de se découvrir tolérants et tolérés, de constater que les valeurs qu'on s'interdisait de manifester jusque là peuvent exister, se réaliser, se développer, et que celles qui pourtant sont ingénieuses de bon sens, et qu'on dissimulait par peur d'être exploités, dominés, raillés, fondent désormais les bases d'une société simple et juste où chacun trouve naturellement sa place. Les disputes n'ont pas disparu, bien sûr, mais elles ne sont pas animées d'une grande colère, puisqu'on a enfin mesuré ce qu'on a à perdre aux orgueils vaniteux et à gagner aux compromis bienveillants.

On a grandi.

Enfin la paix tant attendue, conclut Ella dans un sourire, qu'elle s'adresse autant qu'à la petite Sasha qui lui demande son approbation pour passer au travail suivant. Car, la diversité des cultures se mélangeant, nous sommes revenus à nos bases communes : celles de la confiance pour travailler dans le même but. Face à la certitude de la mort, l'autre cesse de devenir un ennemi, et l'inconnu devient celui que nous connaissions déjà parce qu'il nous ressemble, fait de désirs et de peurs, de besoins et de ressources. Le mélange d'origines et d'individualités n'apporte plus qu'un enrichissement de tous grâce à l'habileté de chacun et aux compétences qu'il apporte au groupe et qui permettent de survivre par la coopération. C'est ainsi qu'on crée les conditions du bonheur, s'émerveille-t-elle encore devant les entraides qui s'établissent naturellement entre les générations et ethnies. Voilà à quoi auraient pu ressembler nos vies si l'on s'était rendu compte plus tôt que c'est possible sur cette planète et dans cette existence.

Pourtant, le soir, couchée sur sa paillasse décorée par les mains expertes de Julio, le cœur tout plein de la joie d'avoir été utile, Ella ne peut s'empêcher de repenser encore et toujours à ses cours d'Histoire. À la circularité du temps. Aux cycles qui se répètent, encore et encore, et à la menace qui n'en finit plus de planer comme un charognard au-dessus de leur bonheur et de leur paix fragiles.

Après tout, le peuple romain a brillé durant des siècles, étendant une stabilité qui a permis l'accumulation des savoirs et créations les plus étonnants pour l'époque, puis il s'est entredéchiré et a succombé à force de barbarie intérieure et extérieure, et surtout de corruption, d'égoïsme, d'individualisme, la culture sombrant, s'affaiblissant, ne laissant place qu'à un champ de ruines ponctuées de réminiscences à peine suffisantes pour soutenir les orgueils nationalistes et les résignations. Et l'oubli et le recommencement ont remplacé la mémoire des erreurs du passé et les victoires de la sagesse.

De même, le peuple maya s'est effondré après avoir touché le sublime. Affaiblie par la sécheresse et par son développement exponentiel, cette prestigieuse civilisation s'est effacée. Leurs grands monuments, construits sans roues ni outils en métaux, reflétaient peut-être leur habileté créative, mais ils n'ont pas empêché l'essoufflement de ce grand peuple travailleur. Eux non plus n'ont pas su maintenir l'équilibre.

Ainsi ont cru et chu les empires humains, le temps rongeant les héritages, livrés en pâture à des héritiers ayant perdu le sens de leur histoire et de la vie. Puisque de tout temps les enfants semblent renier les conquêtes de leurs aïeux, par ignorance et orgueil, faut-il y voir une fatalité inscrite dans l'essence de leur espèce ?

Elle a beau croire à leur entreprise souterraine, cette question cruelle revient la hanter sans cesse.

L'exploitation des Hommes noirs par les Hommes blancs a été un nouveau palier dans la démonstration de notre absence de scrupules et de notre cruauté lorsqu'il s'agit de satisfaire nos désirs implacables de toujours en vouloir plus pour dominer tout et tous. Tout ce que l'humain a sacrifié de son humanité à se conduire comme une bête par appât du gain et du pouvoir !

Et comme les guerres ne nous tuaient finalement pas assez à travers les siècles, le développement de l'industrie nous a ravagés méthodiquement. La Chine a suivi l'Occident dans son industrialisation effrénée, et elle comme d'autres pays sont d'abord devenus nos esclaves industriels, piégés volontairement ou involontairement par nos choix irresponsables. Puis ils se sont à leur tour inspirés de ce système cupide pour dédier leurs terres à un culte commercial d'imports et surtout d'exports industriels où la liberté des êtres est très contrôlée, la valeur humaine bien inférieure à celle des profits financiers de quelques uns. Leurs régimes politiques, qui n'avaient pas encore atteint le fonctionnement démocratique de l'Occident qui assure l'inertie des gouvernements, ont mené ce modèle de fonctionnement jusqu'à une efficacité redoutable qui a achevé les économies des pays anciennement riches, qui se sont peu à peu enfoncés dans un atavisme haineux et amer. Néanmoins, dans leur développement mimétique de l'Occident, les nouveaux Etats industriels tels que la Chine ont su conserver un sens des réalités et demeurer autosuffisants pour prendre les décisions nécessaires à leur autonomie.

On s'est là aussi encore trompés sur le chemin de notre développement, ressasse Ella. En exploitant les pays fragilisés par leurs systèmes de gouvernance, en niant les besoins de populations non éclairées pour faire passer notre profit financier avant toute chose, on a préparé le terrain à une guerre planétaire où l'Occident doit tout perdre pour liquider ses dettes et permettre au reste du monde, sinon de se venger, du moins de survivre à son impérialisme forcené. En Chine, l'industrialisation a donc grandi pour talonner le P.I.B. de grands pays occidentaux comme les États-Unis. Peut-être qu'elle ne fera pas les mêmes erreurs que ses concurrents et pensera à continuer de vouloir s'autosuffire en énergie et à se préoccuper du renouvellement de ses ressources, mais les Chinois pourront-ils se relever d'un conflit mondial et du détraquement climatique comme de l'épuisement des matières premières ou de la pollution des sols, des eaux et de l'air ? Elle a vu quelques années auparavant qu'ils ont couvert leurs lacs de panneaux solaires. Ils ont encore une chance, peut-être, pourvu qu'ils ne fassent pas les mêmes erreurs que nous face à l'industrialisation destructrice que ce pays cherche à imiter.

Ella en a pleinement conscience, désormais, puisque tout ce système s'est écroulé et a mis en évidence, là, dans cette caverne, ce qui est essentiel et ce qui ne l'était pas. Cette supercherie de l'abondance, des hypermarchés pléthoriques, de l'illimité et de l'obsolescence programmée ont fait oublier la priorité absolue de l'être sur l'avoir, du bonheur des humains sur le rendement des usines et les profits des actionnaires. Car le bien-être seul est la réponse à la question éternelle du sens de la vie, et ce bonheur ne se trouve pas dans la possession des choses, mais dans la relation à soi et aux autres comme au monde. La quête du Graal a substitué l'or qui brille sur le calice serti de pierres précieuses au symbole du sacrifice par amour, tout comme la recherche de l'accumulation des richesses matérielles a pris la place de la jouissance des bienfaits de l'existence : la source du bon n'est pas dans les choses, mais dans les êtres humains. Et c'est cette conscience de la valeur de la vie qui permet de trouver l'équilibre et le sens, le bonheur, en somme, pour attendre la mort avec sérénité.

Dans l'ancien monde, on passait la meilleure partie de sa vie à travailler pour ensuite dépenser sa maigre retraite à se soigner pour repousser les mains glacées de la faucheuse. Elle sait très bien que ses problèmes cardiovasculaires sont liés au stress qui l'a étreinte durant toute son existence, de la menace de l'échec scolaire à celle de mourir empoisonnée par un environnement devenu nocif, en passant par la honte de finir célibataire, sans enfant, sans emploi, sans maison... Ici, la notion de travail comme de retraite n'a plus cours : il s'agit de vivre ensemble, de s'entraider chacun selon ses possibilités, et de se rendre heureux mutuellement. On a dépassé le clivage entre corvée et loisir et, ainsi, on s'est débarrassé du sentiment écrasant de soumission ou de concurrence, de danger permanent que l'autre nous ferait courir. On a tous sa place parce qu'on est, et on est parce qu'on a tous sa place. Simple, sain, évident.

Qu'est-ce qu'on a pu se planter ! rage Ella dans le secret de ses nuits solitaires. Le chant silencieux de son oiseau-totem soulage son cœur à la lumière du jour, mais, une fois dans le noir, ses larmes coulent dans le silence de son désarroi. Et elle repense à sa fille, dont elle n'a plus de nouvelles et dont elle perd peu à peu le souvenir de sa voix, de son rire et de son visage, son parfum, sa chaleur. Elle aimerait tellement pouvoir serrer ses petits enfants dans ses bras, et ce nourrisson qui tète quelque part ses premières gorgées d'un lait maternel plein de promesses.

S'ils ont survécu.

Souvent, dans la journée, lorsqu'Ella n'enseigne pas, Anna lui tient compagnie et lui parle de son pays, décrivant avec enthousiasme et poésie les images d'un lieu qu'elle n'a jamais vu, mais dans lequel Ella se promène grâce à elle avec plaisir et émotion. Souvent aussi, Julio, Kaleb ou Jean viennent parler avec elle, ou bien elle leur tient compagnie, autant pour le plaisir de discuter que pour celui des les observer à leur tâche, le regard d'acier des guetteurs perçant les mystères de l'obscurité et des distances, les mains de Julio réveillant dans la pierre inerte la grâce et le mouvement d'une vie qui s'estompe.

Seul le revolver luisant à la ceinture des guetteurs vient gâcher leurs rencontres nocturnes et rappeler à Ella que la guerre gronde tout autour de leur Eden. Une guerre qu'ils subissent implacablement et qu'ils ont pourtant causée...

À certains des pays qui leur sont à présent hostiles, on a vendu les technologies d'information qui les menacent désormais, mais aussi les armes qu'ils ont retournées contre eux. Il fallait s'en douter : les pays qui achetaient leurs produits de mort les utilisaient déjà à des fins moralement inacceptables. Qu'ils acceptaient alors, trop contents d'engranger cet argent, se gargarisant de ces profits immondes comme d'une fierté nationale rejaillissant comme un honneur sur tout le pays.

Ridicule et méprisable.

Et on se plaignait encore de l'immigration de ces malheureux réfugiés chassés par les armes de guerre qu'on avait vendues, quand ce n'était pas à cause des terres dont ils avaient été expropriés par les multinationales ou les dérèglements climatiques ! Encore et toujours la faute de l'étranger ! Jamais de responsabilité pour les puissants, puisque les gagnants écrivent l'histoire et décident de la justice... C'est tellement plus facile de blâmer les autres ! ironise Ella. Mais l'humanité n'a fait nulle part pire ou mieux : toutes les nations se valent, toutes aussi prometteuses et décevantes les unes que les autres.

Dans les pays développés, le système économique paraît très complexe, car chaque élément semble inextricablement lié à une infinité d'autres. Les grosses industries et leurs soutiens financiers profitent de la confusion pour exploiter chaque faille avec une armée de juristes et de lobbyistes, poussant à force de persuasion et de pressions les gouvernements à l'indulgence envers eux et à limiter les libertés des travailleurs comme les protections qui résistent à leurs appétits. Mais, en réalité, ce n'est pas que le système est complexe, juste qu'il est déséquilibré, la grande masse des citoyens noyés sous le travail et les tracas n'ayant pas individuellement la force, le temps et l'argent nécessaires pour lutter contre la cupidité organisée des plus fortunés qui mènent une guerre permanente pour s'enrichir toujours plus. L'essentiel de la population ne peut espérer améliorer son niveau de vie par le travail, car tous se retrouvent vite écrasés par l'injustice salariale et fiscale qui fait peser sur les multitudes les plus pauvres l'essentiel des efforts, tandis que les plus riches s'en exonèrent.

En plus, la mondialisation financière permet aux multinationales d'organiser une concurrence internationale des miséreux afin d'augmenter les profits en piétinant de plus en plus de droits sociaux et environnementaux.

Alors que les sciences et les mathématiques nous démontrent sans cesse ce qui ne tient pas debout dans ce système, on dévoie ces disciplines par idéologie cupide afin de leur faire calculer ce que l'on peut encore exploiter. Méprisant depuis des décennies l'urgence d'un plan d'action concret et nécessaire pour permettre notre survie sur la planète Terre, on se contente d'en réévaluer sans cesse les coûts et bénéfices financiers. L'humanité n'a donc pas pu se sauver d'elle-même pour cause de désaccord budgétaire.

Elle en rirait.

Ou en pleurerait.

Pourtant, tout dans la transformation de l'Homme à travers les siècles montre de manière évidente une logique immuable. Ella se rappelle ses dernières lectures. Homo Sapiens, ce groupe d'hominidés humains ayant sillonné et habité cette planète, s'est battu partout et toujours de la même façon, avec les armes de son époque et suivant le développement de son intelligence, mais toujours dans le but de survivre, puisque c'était le principal fil rouge de notre développement, et aujourd'hui, pourtant, alors que notre extinction est imminente, nous ne sommes même plus capables de suivre ce même tracé primordial. L'homo sapiens sachant enfin de quoi il est capable — que tous les êtres humains s'adaptent à leur environnement par le progrès technique, ce en quoi leur culture les aide —, conscient plus que jamais des enjeux, des risques et des solutions, il pense encore comme un enfant que quelque chose de magique va se produire. Ainsi, parce qu'il a toujours su surmonter les obstacles en s'adaptant, il n'a retenu que la mémoire de ce triomphe de l'Homme sur la nature pour cesser de s'adapter, persuadé que la nature pliera à nouveau sans effort.

C'est à se tuer.

Pourtant, en tenant compte de l'évolution de la taille et de la conformation du cerveau humain, devenu plus petit que celui de nos ancêtres relativement à ses proportions générales, mais plus riche en interconnections, et de l'accumulation de son savoir, il s'avère que l'Homme possède vraisemblablement les capacités nécessaires pour se survivre.

Mais il va s'éteindre par orgueil et bêtise.

Quel gâchis.

D'après la science, se rappelle Ella, Homo Erectus, l'ancêtre d'Homo Sapiens vivant en Afrique, a su développer du fait de son milieu aride de plus longues jambes et des bras plus courts. Ceci lui a permis de parcourir de plus longues distances en se tenant debout. Il a donc pu atteindre l'Asie et explorer le reste de l'Europe. Cette qualité adaptative de l'hominidé à l'environnement permet indubitablement de se figurer que sa survie est bien une attitude naturelle dans son fonctionnement.

Pourtant, non, l'Homme risque de s'éteindre pour n'avoir pas su s'adapter aux désordres artificiels qu'il a lui-même organisés. Il a développé son intelligence sur des millions d'années pour aboutir à une régression et à sa probable extinction. Ella se souvient avec irritation qu'elle a vu passer depuis sa jeunesse des dizaines d'études affirmant la diminution des facultés intellectuelles humaines. Certaines en accusaient la baisse des stimulations extérieures dans un environnement toujours plus confortable et protégé ; d'autres pointaient les pesticides et engrais biochimiques, les perturbateurs endocriniens et autres nanoparticules émises par la civilisation moderne ; certaines enfin attiraient l'attention sur l'iode incorporé aux réseaux d'eau potable, qui aurait un effet lénifiant sur des populations de plus en plus passives ; mais on peut tout autant juger responsables les addictions innombrables qui font perdre toute cohérence à la société et tout esprit critique : drogues, alcool, sucre, jeux… Tout a été développé pour détourner les citoyens de l'exercice de la citoyenneté. Et eux étaient trop heureux de céder leurs droits contre un peu plus de malbouffe et de loisirs télévisuels… Mais, étonnamment, le bruit terrible qu'auraient dû faire ces études avait été étouffé par les campagnes publicitaires de plus en plus tapageuses et les contre-feux politiques les plus superficiels et les plus scandaleux.

Dans le Sous-bois étoilé, les activités se sont recentrées autour des humains, et c'est une intelligence collective qui se reconstruit, se réjouit Ella en se souvenant d'un article qu'elle a lu dans une revue de neurosciences, plusieurs décennies plus tôt. L'étude d'une partie de notre cerveau, et notamment le cortex préfrontal, ces lobes frontaux, pariétaux et temporaux qui sont nécessaires à l'anticipation ou à la planification des actes de la vie de façon consciente et volontaire, a démontré que l'entraide et la coopération seraient particulièrement profitables au développement de l'intelligence. D'après ce dont elle se souvenait, ce serait dû à l'augmentation du volume de la matière blanche, qui correspond à la myéline entourant les axones. Très riche en neurones aux axones longs, cette matière blanche favoriserait ainsi la communication avec d'autres régions du cerveau, en relation avec les compétences sociales et par l'intermédiaire primaire de nos cinq sens.

De façon grossière, on considérait que l'augmentation de la densité neurologique permettait une meilleure analyse de nos actes conscients de tous les jours, et serait causée par l'accroissement des échanges, notamment par le langage. Ainsi, pense-t-elle avec cette satisfaction du bon sens qui se voit conforté par la science, il apparaît que plus l'être humain se socialise, et plus il est capable de cultiver les qualités nécessaires à son développement. De manière plus simple et évidente, plus on se mélange, échange, communique entre êtres différents, et plus on devient intelligents. N'en déplaise aux bas du front à tendance raciste et communautariste, l'inverse est vrai aussi.

À plus grande échelle, alors, communiquer à une tierce personne nos sentiments, notre vécu, tout ce qui nous affecte, ce qui constitue nos valeurs dans la vie de tous les jours, ce qui nous attire ou nous rebute, tout ce qu'on exprime sort de soi et ne fait que rebondir d'un être à l'autre. Déployant ainsi les liens entre les êtres et le faisceau de ses significations, libérées pour être offertes à l'interprétation de chacun et pour les temps à venir. Nos mots, devenus informations, se réfléchissent dans le cœur de toutes celles et tous ceux qui en sont destinataires, et rejaillissent et renaissent, enrichis, modifiés, approfondis par leurs moyens à eux en d'autres discours efficaces, en tableaux ou en sculptures, en photos ou en films, en quartets de piano ou en chansons de variété, en poèmes ou en romans, en développements abstraits ou concrets, en textos ou en mails.

    On ne crée jamais à partir de rien, et ce que l'on accouche est le fruit de rencontres : on dépeint d'une façon ou d'une autre ce que l'on ressent en soi, mais l'on s'approprie aussi en soi ce qui nous ressemble ou ce qui nous questionne, ce qui nous touche et qui vient d'ailleurs. C'est bien par l'intermédiaire de la parole, pense Ella, et de la lecture, ou de tout ce qui compose la culture inspirée et exercée par les Hommes à travers les siècles, que l'on contribue ainsi à l'évolution de l'intelligence de l'Homo Sapiens et de ce qu'il laisse pour héritage : la préciosité unique et intemporelle de la pensée de chacun comme de son ADN qui, en mêlant toutes les rencontres en de nouveaux flux uniques, fondent l'identité riche et plurielle de leur espèce en constante évolution. L'amour en est donc un ingrédient fondamental, mais pas le seul.

    Ella se souvient ainsi d'un article qui l'avait d'abord déprimée devant le coup d'arrêt à son interprétation romantique de la vie, avant tout au contraire de la réconforter du fait de la confirmation que la vie est bien faite. Elle avait en effet lu que les endorphines relâchées lors du sentiment amoureux nous permettent de nous attacher plus longuement et nous évitent, entre amants, dans certains cas, de nous entretuer. Car, soudain, l'attachement nourrissant l'attachement, tout devient possible. Avec des relations plus profondes et maintenues, on a l'espoir de construire une vie de façon plus durable, et l'on peut s'intéresser à ce qui est différent de nous-mêmes, en vue de générer instinctivement les gènes les plus performants et de créer un monde des plus solides. Le résultat du brassage génétique est souvent époustouflant, donc tout à fait compatible avec notre nature d'Homo Sapiens. Dans la mythologie grecque, il n'y a qu'un seul roi qui est tombé amoureux d'une amazone en croisant son regard lors d'une bataille. Leur amour aurait pu unir les peuples, et une guerrière aux jolis yeux égaler la puissance de l'homme. Mais ce même roi, dans leur dernier combat et son empressement à vouloir rester maître, n'a pu s'empêcher de l'achever, et s'en est mortifié pour le reste de sa vie.

On croit donc en l'amour, et il nous fait vivre, ce sentiment d'appartenance à cet autre aimé, comme si le dessein prévu à la naissance de chacun n'était que d'accomplir cette mission, que c'en était la seule raison de vivre. Sauf que ce n'est pas la seule, et que ce n'est pas si simple, car il faut sans arrêt empêcher ce sentiment de s'étioler, et trouver au quotidien les moyens de bâtir cette relation qui nous épargne la solitude et peut nous rendre heureux.

Mais il faut se faire violence pour lutter contre les élans opposés de notre égoïsme et de notre altruisme.

C'est donc dans l'authenticité de nos imperfections et contradictions que nous pouvons penser et ressentir une situation, puis interpréter à notre guise les informations ou les préciser — mais cela va dépendre du genre de questions que l'on veut bien se poser. Si on n'a pas de but positif pour guider nos pas, il n'y a pas de limites à notre pouvoir de nuisance, pense Ella. Vouloir vivre, certes, mais comment ? Souvent, on se croit plus en difficulté qu'on ne l'est vraiment. En effet, à l'heure des grandes dictatures du développement personnel, on a de quoi se perdre, ou du moins s'éparpiller et, au final, courir inlassablement après la satisfaction de désirs impossibles à satisfaire.

La déviance de l'imagination, en somme, qui nous éloigne de l'essentiel par l'envie et la crainte.

Mais rêver nous permet aussi d'imaginer de belles choses, et il serait donc inutile et dommage de s'en priver. Il faut juste discipliner son esprit vers un but généreux qui permette de dépasser notre bassesse naturelle. Souvent, Ella aime à revoir mentalement cette image de la Terre vue de l'espace, avec l'omniprésence de son bleu ponctué de territoires épars et sans frontières. Vue de là-haut, leur planète est comme lumineuse, sereine, une et indivisible, belle et immuable, et pourtant fragile au milieu du néant ponctué de froides étoiles lointaines. Et le soleil seul qui l'illumine lui confère vie, chaleur et beauté. Et, souvent, elle se dit que le jour où les êtres humains seront à l'image de cette sphère qui les porte, on sera à la hauteur de ce à quoi notre potentiel nous destine.

En tout cas, chacun a donc bien un rôle, conclut Ella aux dernières heures de la nuit, en essuyant ses larmes, et pour se donner du courage. Ou du moins un pouvoir. Vivre n'est pas vain, mais il faut avoir conscience de l'importance de nos actes, de nos paroles. Éclairés de cette conscience, on communique, on analyse, on se rend compte qu'il y a des besoins tout autour de nous et, consciemment ou inconsciemment, on partage ainsi par l'empathie le flux de notre énergie, prêtant nos forces à qui en a besoin, puisant en autrui lorsque c'est nécessaire. C'est cette entraide qui nous fera perdurer.

En resserrant la couverture autour de ses épaules tremblantes de fatigue, Ella écoute les respirations de ses voisins, paisiblement endormis derrière les rideaux qu'elle distingue à peine dans le noir.

On n'est pas faits pour être seuls.

Mais c'est compliqué, douloureux et fatigant de vivre avec les autres. Il faut se faire violence pour tenir sa bête à distance et alimenter son être lumineux. Et il faut avoir la chance de trouver face à soi des personnes qui nous donnent envie d'y croire et de faire ces efforts. Pourtant, l'humanité est innombrable, et les occasions de se rencontrer existent.

Surtout en période de crise, comme aujourd'hui.

Chacun peut donc trouver chaussure à son pied : il suffit pour cela d'avoir foi en soi et en autrui. Facile à dire, mais c'est plus facile à faire aussi qu'on ne le craint. Plus risqué aussi, mais ça en vaut la peine. Sciemment ou non, on se sert de nos cinq sens pour percevoir et comprendre le monde, mais aussi pour exprimer ce que l'on est et ce que l'on désire. Chacun a une place légitime, conséquence de sa naissance, et on crée du fait même de vivre un réseau en équilibre autour de soi, et ce qui nous arrive n'est pas dû au hasard, mais est causé par l'infinité d'événements que l'on provoque ou auxquels on choisit ou non de participer.

Bien entendu, notre cerveau ne peut traiter en conscience toutes les stimulations et tous les élans qui le traversent, et on ne prend donc pas en considération tous les facteurs de notre vie, jusqu'au moment où l'on en discute de façon logique ou analogique, lorsque les informations se recoupent et se regroupent à travers le temps pour constituer un faisceau d'évidences, un chemin limpide, et l'on comprend que, même si on n'y a pas pensé, c'était important, et on en a tenu compte.

Tout est lié, même si on ne peut pas encore prédire tout le processus d'une vie, car le nombre de paramètres est incalculable, et la certitude n'est pas ou ne peut pas encore s'inscrire, car le réel est sollicité à travers d'innombrables collisions de volontés et de conséquences. Ce n'est qu'a posteriori que l'on en percevra la logique et le sens, et la façon dont on les interprétera permettra l'éclosion d'un sens profond, ou bien s'enterrera dans le fin fond de notre inconscient. Parfois, on a besoin de revivre plusieurs fois une chaîne d'événements pour en percevoir la logique, et ce n'est qu'alors que l'information peut aussi se transférer à la conscience pour être utilisée à un autre moment donné, dans une autre situation, similaire ou non, afin de mieux percevoir, mieux analyser, mieux comprendre et mieux réagir.

On sait donc depuis longtemps ce qui unirait un peuple, des personnes, des familles, ou deux voisins, mais on ne le fait pas. Il manque certainement une motivation, une connexion, un objectif chez l'Homo Sapiens, afin de contrecarrer bien sûr cet instinct qui le pousse à vouloir anéantir l'autre, car il se sent menacé par lui. L'empathie n'est pas si naturelle que ça pour l'Homme : elle s'apprend, elle se discute puis se développe, de même que la solidarité ou l'échange culturel, et c'est là le but et le moyen d'une société, et c'est là ce qu'ils ont raté et qui leur a manqué pour réussir, sinon ils ne seraient pas au bord de l'anéantissement, songe Ella.

Tout ça par paresse intellectuelle, encore. Et de revenir à Platon. Dire qu'après des millions d'années à se côtoyer, à se mélanger, à échanger et bâtir ensemble des sociétés, les êtres humains ne parviennent toujours pas à se regarder autrement que par les différences qui les séparent !

Certains considèrent encore qu'il y a plusieurs races humaines. Même si, biologiquement, nous avons tous les mêmes organes. Notre couleur de peau et l'infinie variété de toutes nos autres caractéristiques physiques ne sont que l'héritage génétique de nos parents, de nos grands-parents, et de tous nos aïeux, attributs qui n'ont fait que s'exprimer de manière prépondérante en fonction des nécessités géographiques et climatiques qu'ont dû endurer nos innombrables ancêtres hominidés. Car notre nature s'adapte pour permettre notre survie et, qu'on le veuille ou non, pense Ella, tous ces hominidés se sont constitués en communautés humaines dans les enclaves territoriales où ils s'étaient installés, et ces communautés ont développé de la même manière des cultures par lesquelles ils se sont transmis le fruit de leurs expériences et les règles assurant l'équilibre et la pérennité de leurs groupes. Chaque peuple a eu une vie avant de revenir à la rencontre des autres groupes, et si des différences se sont installées, c'est partout lié au fait que tous les membres de notre espèce agissent de même avec leurs capacités intellectuelles et physiques partagées par tous les homo sapiens, et que chaque parcelle d'humanité parcourant notre planète a appris grâce à son lot d'erreurs et de réussites. Aujourd'hui, la génétique et la paléoanthropologie ont permis de tracer les itinéraires de cette fraternité terrienne déchirée par les apparences trompeuses des variations du vivant, et ces croyances racistes, ces divisions n'ont plus lieu d'être : elles peuvent et doivent être dénoncées.

Mais tous les systèmes sociaux n'ont pas intérêt à la paix, tant les puissants qui gouvernent tirent pouvoir et richesse des dissensions sur lesquelles ils règnent et des conflits dont ils se nourrissent. L'Histoire l'a montré : la plupart des peuples ne recherchent pas les moyens de s'élever ou des solutions à leurs problèmes, mais ils s'appliquent au contraire à rabaisser ceux qui les dépassent ou les talonnent pour se sentir plus puissants, et mieux vaut donc un bouc émissaire pour défouler la violence née de la souffrance que de fournir les efforts pour s'améliorer soi-même et les siens. Toujours cette facilité de la barbarie : c'est tellement plus aisé de réussir une destruction qu'une construction…

Pourtant, certains individus sont clairement de plus en plus connectés et sensibles au monde qui les entoure, remarque Ella, et ce depuis des décennies. Probablement l'adaptation la plus positive de l'humanité face à ce qu'elle a fait de la nature et face aux défis qu'elle s'est imposés. C'est là une faculté immense de comprendre le monde, de se mettre à la place de l'autre pour pouvoir enfin le reconnaître comme un autre soi-même et, en soignant ses maux, que les âmes esseulées ne peuvent pas guérir, soigner nos propres maux grâce aux gains de l'expérience et au soutien du nouveau frère que l'on s'est attaché par l'entraide. La compétence de parfaire un monde de paix par la simple capacité d'en démêler et partager les sentiments est en chacun de nous, oui. Mais on est si vite ostracisé pour n'être pas conforme à la norme, cette dictature faite de stéréotypes, de tabous et de conditionnements dont on confond la mémoire et le devoir, l'existence et la légitimité — pourtant, il suffit de n'y réfléchir qu'un peu pour percer à jour la nocivité des traditions, l'aberration dramatique des barrières que l'on dresse autour de soi. La majorité des haines qui nous emportent ne sont que la gangrène de l'esprit par les préjugés, eux-mêmes causés par un manque de connaissances, qui génère à son tour la peur de ce qui nous est inconnu, et on rejette ainsi la différence pour qu'elle ne mette pas en lumière nos failles et ne nous impose pas de nous remettre en question, dans le souci de se préserver avec ses apparences de supériorité, d'être bien vu. C'est le souci de l'apparence, du fantasme de soi, qui nous empêche enfin de savoir ce que nous sommes et le sens de la vie.

Incapable de trouver le sommeil, Ella repousse le drap en frissonnant et s'habille en silence. Assise au bord de sa couchette, elle hésite.

L'évolution des mentalités est si lente hors des traumatismes qui les bouleversent brutalement, et il aura fallu cette guerre épouvantable et fatidique pour permettre d'enclencher une prise de conscience qui se diluait entre inconséquence et catastrophisme. Mais, hélas, en attendant, on n'a toujours pas trouvé le moyen d'arrêter le temps, et l'on court certainement à notre perte, puisque la biodiversité méthodiquement éradiquée clame ardemment notre culpabilité et l'impasse fatale de nos choix passés.

Les neiges éternelles, elles, ont fondu au rythme du réchauffement climatique qui s'emballe chaque jour un peu plus.

Et, saison après saison, du Mont Everest jusqu'aux Alpes, les montagnes révèlent les récents mystères qu'elles portaient en leur sein. Ainsi, les corps déchus et ensevelis des alpinistes sont finalement découverts de leur enveloppe blanche que l'on croyait aussi éternelle que ces neiges, et ils offrent désormais à nos sens la réalité poignante de ce qu'il advient de nous lorsque nos actions sont guidées par cette frénésie insensée de vouloir absolument dompter ce que la nature nous offre en se surpassant. Et dans les feux de l'exploit, nous nous sentions donc libres, légers et brillants à la fois, mais l'image d'éternité que la montagne enneigée offrait jusqu'à présent n'est plus que le reflet morbide de notre inconséquence.

Aurions-nous pu faire différemment ? Sans aucun doute. Pourrions-nous enfin comprendre ce que nous sommes ? Aussi fragiles et mortels que n'importe quelle autre forme de vie que l'on a tendance à mépriser si facilement ? Indéniablement.

Le ferons-nous, cependant ? Comme après une mise à jour de notre logiciel de compréhension de nos comportements et de leurs conséquences, on sait au fond de nous qu'il va falloir se remettre en question et faire preuve de génie pour réussir un nouvel exploit : celui de trouver le moyen de rétablir l'équilibre entre notre nature et celle dans laquelle on vit.

Avant, on retrouvait en creusant le sol des fossiles d'ossements et des civilisations passées dans les terres éloignées et arides que l'on appelait le temps des singes ; maintenant c'est la montagne et la surface du globe qui exposent les ruines de nos sociétés, parmi lesquelles s'agitent encore quelques traces d'une existence agonisante. On se demande encore si l'on descend de l'Homme de Néandertal ou de l'Homo Sapiens, mais on ne se demande toujours pas lequel a été le plus sage ou le but de notre existence. On se querelle sur ce qui divise, pas sur ce qui peut rassembler.

Pourtant, on sait aussi qu'un astéroïde nous a frappés, il y a quelque soixante-six millions d'années, éradiquant probablement jusqu'à soixante-quinze pour cent de la vie sur Terre, et probablement celle des dinosaures. Jusque dans les déserts les plus secs, comme dans le Dakota du Nord, on retrouve des fossiles de poissons, de végétation, de vertébrés terrestres qui nous rappellent notre histoire — et comme des pans entiers d'une vie à l'apparence immortelle peuvent disparaître brutalement en ne laissant que quelques vestiges pétrifiés et érodés par le temps.

Cet astéroïde devait probablement apporter quelques bactéries, bien sûr, qui ont renouvelé la biodiversité sur notre planète, et d'autant plus que dans l'espace elles se multiplient plus vite, mais il n'en demeure pas moins que l'essentiel est là : tout peut réellement disparaître, et la vie doit être chérie comme quelque chose de précieux et éphémère.

Mais non, on n'a pas trouvé mieux que de se fabriquer les armes nécessaires pour s'autodétruire avec une puissance toujours plus folle. Et on aime toujours avoir raison, sans se soucier de savoir ce qui en découle ; et, même quand on a tort, on préfère travestir la réalité plutôt qu'affronter sa faillibilité... Il serait plus facile d'admettre la fatalité d'une mort venue du ciel, qui s'accorderait davantage à notre nature passive et fataliste, de blâmer un astéroïde en somme, ce corps étranger fruit du hasard, incontrôlable et imprévisible, que de se confronter aux conséquences quantifiables et qualifiables de nos actes suicidaires pour savoir comment remédier au problème de notre autodestruction — car on préfère de loin s'entretuer toujours plus sans vergogne que de s'entraider...

Chapitre VI – Le réveil

Elle a besoin de marcher, de chasser ses pensées morbides, de voir de la vie, de sentir la foule de ses semblables, l'insouciance et la joie des enfants. La caresse du vent et la danse des feuilles gorgées de sève. Alors elle se lève et quitte son alcôve de pierre pour rejoindre la salle principale.

Il y règne comme toujours une activité minimum : on ne peut en effet réguler tout ce monde, et des rythmes différents s'imposent. Et c'est tant mieux, car il y a toujours à faire et, après tout, la place est limitée. Peu d'enfants sont déjà réveillés, mais voir d'autres hommes et femmes en activité la saluer sur son passage lui fait un bien fou.

La vie à la caverne se résume à un train de vie réussi. Chacun a un rôle bien défini permettant leur survie, mais, au-delà du simple fonctionnement biologique, c'est aussi leur esprit qui survit : ici, on échange, on partage, on réfléchit, on crée, et c'est le meilleur de chacun qui s'exprime, car chacun est concerné et tous ont le devoir et le droit de contribuer au bonheur collectif — et surtout la conscience de l'enjeu et des bienfaits à en retirer.

Mais il y a plus de monde qu'à l'ordinaire, ici, car Ella et ses compagnons sont tendus depuis quelques jours, et ils peinent à trouver le sommeil : des échos ont filtré par bouche-à-oreille de l'état-major et de ses soldats. Bien que confinés sous terre, les habitants du Sous-bois étoilé parviennent de loin en loin à obtenir des nouvelles du reste du monde.

On a entendu que la bombe nucléaire a été utilisée. L'ennemi aurait pris possession de l'arme fatale, et tous les membres de la caverne s'étaient réunis à cette rumeur dans le vaste espace commun, attendant désespérément la confirmation de la fin du monde.

La vie a depuis repris son cours dans l'incertitude, mais la rumeur reste suspendue au-dessus des têtes comme une épée de Damoclès, et, si personne n'en parle, chacun n'a que cette idée en tête — et les images de destruction apprises par cœur tournent en boucle dans les esprits.

Le commandant du refuge s'est voulu rassurant, bien entendu, mais ses discours louvoyants n'ont pas infirmé la rumeur. Il faut attendre. Encore.

Et Ella n'en peut plus d'attendre.

Depuis des semaines qu'elle est arrivée, on lui intime de patienter. Mais elle veut des nouvelles de sa famille, et les militaires refusent de lui en donner. Elle n'est pas loin de penser qu'on lui cache le pire pour la maintenir en état de remplir son rôle, captive du refuge. Ce ne serait pas la première fois qu'une autorité de gouvernance pratiquerait la désinformation pour garder le contrôle d'une situation qui lui échapperait.

Elle s'est donc adressée à Anna, qui connaît un militaire plus sympathique. Peut-être qu'il comprendrait sa détresse et qu'il pourrait consulter les fichiers ? Anna lui a promis de lui en parler, mais elle sait très bien qu'il faudra à nouveau qu'elle attende.

Or, justement, elle ne supporte plus ces délais, le fait de ne pas savoir, de se sentir comme tenue à distance d'informations auxquelles elle a droit.

Ce soir-là, n'en pouvant plus de s'entendre dire qu'elle doit se montrer patiente, Ella décide donc de consulter l'ordinateur central. Il y aura peut-être les listes des survivants et des lieux où se trouvent les autres réfugiés ? Si elle ne se connecte pas à Internet, il y a peu de risques de se faire repérer, et aucun danger de les trahir auprès de leurs ennemis.

Elle se faufile en douce dans les couloirs qui relient les services informatiques à l'entrée principale de la caverne. Elle voit à travers les vitres que les petites lumières de la salle des machines sont allumées, ce qui n'est pas le cas d'habitude. Toutefois, elle ne voit personne et s'apprête à entrer quand dans le noir quelqu'un l'attrape par le bras, l'arrêtant dans son élan. Elle sursaute en retenant un cri. C'est Jean.

— Ce n'est pas une bonne idée, lui chuchote-t-il, sachant parfaitement pourquoi elle se trouve là. Les militaires travaillent tard, le soir, en ce moment, lui dit-il en l'attirant à lui pour se cacher de la lumière des écrans allumés qui se reflètent à travers les vitres dans le couloir.

Il lui intime de laisser tomber l'idée. Elle risque de s'attirer des ennuis, et il ne faudrait pas que les militaires la prennent pour une espionne.

Ella ne peut plus retenir ses larmes face à son impuissance. La vie est si injuste ! Elle espérait tellement obtenir une réponse à propos de sa fille et de ses petits ! Elle ne sait même pas s'ils sont en vie !

Les sanglots la submergent en silence, et le vieux guetteur la serre dans ses bras pour la soutenir autant que pour la contenir.

Puis, soudain, elle se ressaisit et se détache de Jean.

— Je ne serai même pas capable d'enfreindre la loi sans me faire repérer du premier coup, se désole Ella.

Jean lui sourit malgré les larmes qui roulent sur ses joues. Il les lui essuie d'un revers de manche.

— En effet, il n'y a pas beaucoup de personnes qui seraient entrées dans cette salle avec les lumières allumées, confirme Jean d'un ton un peu moqueur.

Elle sourit à son tour, heureuse de ne pas avoir à justifier son action auprès de son ami, qui doit de toute façon se douter de ses motivations. D'ailleurs, que faisait-il, lui, si tard dans ce couloir, et sans Kaleb ? se demande Ella en prenant la direction de sa couchette sans lâcher sa main. N'a-t-il pas mieux à faire que de la surveiller ? Il doit certainement savoir quelque chose. Et devait s'attendre à sa visite…

Prise soudain d'un pressentiment lucide qui l'apaise brusquement comme seules les prises de conscience absolues peuvent apporter ce genre de calme intérieur, Ella change soudain d'avis et de destination, et elle se presse à travers la caverne, rejoignant le boyau sombre qui l'a conduite ici après un épuisant périple en voiture, puis elle entreprend l'ascension des marches de métal menant à la surface en entraînant son compagnon.

Si la fin du monde est imminente, elle ne veut pas l'attendre passivement comme une bête acculée dans son terrier, mais la regarder en face avec un sol vivant sous les pieds et un ciel immense au-dessus de la tête, le regard plein du vacillement naïf des frondaisons et des étoiles et, avec un peu de chance, l'oreille caressée par le chant d'un oiseau survivant.

Qu'elle soit brève et indolore, espère-t-elle néanmoins en tâtant doucement la lourde trappe de fer qui obstrue la sortie. On n'est pas faits pour souffrir ni avoir peur.

Jean la suit sans rien dire, sans résister.

Il est des situations où les mots sont inutiles.

Au moins, on aura compris quel aurait pu être notre rôle sur cette planète et ce que l'on aurait dû faire pour survivre à travers le temps. Face à l'inévitable, beaucoup pleurent, car il faut maintenant se perdre, mais les au revoir déchirants de ce type, dans cette fraternité nouvelle, se transforment aussi en félicité, car tous ont conscience de ce qui s'est joué sous terre ces derniers temps : il y a une fierté, une joie à constater qu'ils ont réussi à s'unir au plus profond de cette caverne, et cette dernière et ultime réussite est un peu un triomphe qui efface toutes les lâchetés et tous les échecs passés, apaisant les regrets et les craintes. On n'est plus seuls, non, et on est même mieux que ça, puisqu'on forme enfin l'humanité. Certains prient donc pour communier avec le dessein primordial qu'ils ont enfin compris et atteint, et la plupart chantent en chœur la fin de l'humanité, qui achève son bref passage sur cette Terre, enfin libérée de sa rage, car nous sommes désormais davantage que le fruit de tous nos états d'âme.

Elle a observé comme tout le monde les efforts des soldats et veilleurs pour protéger les accès du refuge, mais personne n'est tout à fait dupe. Elle a vu comment Jean et Kaleb ont fortifié la trappe d'entrée à l'aide de tronçons de bois... La coopération et l'action rassurent : on a tant besoin les uns des autres...

Heureusement, les deux guetteurs ont laissé un mécanisme pour ouvrir de l'intérieur, puisqu'ils poursuivent leurs rondes de surveillance en attendant les certitudes. Elle déverrouille la trappe et se coule dans l'obscurité des bois.

Connaissant les habitudes des deux gardes qu'elle a désormais coutume d'accompagner sous les véritables étoiles du ciel infini, elle rejoint rapidement Kaleb sur un monticule rocheux en partie dissimulé par la végétation. Elle s'assied à ses côtés, et Jean la flanque à son tour, toujours sa main dans la sienne. Ils restent côte à côte, silencieux et assis, le visage tourné vers les nues. Deux autres silhouettes les rejoignent, dans la même position : celle d'Anna, qui tend son visage aveugle vers la clarté blafarde de la lune, et celle de Julio, dont les mains caressent machinalement les aspérités de la pierre.

Elle contemple sans un mot le paysage.

Au loin, à l'horizon, des lueurs incandescentes zèbrent les nuages, enflammant la plaine au sud, à l'est et à l'ouest. Un grondement sourd ne tarde pas à enfler à travers l'air tandis que la pierre semble bourdonner sous eux d'une vibration improbable et croissante.

Elle prend la main de Kaleb dans la sienne et la serre. Celui-ci fait de même avec Anna, à sa droite, qui s'accroche à Julio, qui donne sa main à Anna. Ella tourne la tête vers ses compagnons et croise leurs regards brillants. Anna a fermé les yeux et posé sa tête sur l'épaule solide du tailleur de pierre. Sur son visage, les lueurs lointaines s'intensifient, et Ella fait à nouveau face à l'incendie qui se rapproche.

La terre tremble de plus en plus violemment, et elle croit percevoir une clameur terrifiée qui monte du sous-sol. Elle se force à garder les yeux ouverts tandis que de nouvelles étoiles de mort pleuvent autour d'eux, le vacarme de leurs explosions couvrant celui des moteurs des avions qui répandent sur eux les flammes de l'apocalypse.

Les premiers arbres de leur forêt prennent feu, et Ella serre plus fort la main de Jean, qui presse ses doigts en retour.

Elle n'est pas seule.

Elle n'est plus seule.

Ella ferme enfin les yeux, prête, pensant à sa fille qu'elle ne reverra jamais, Thomas et Jasmine qu'elle n'aura pas vus grandir, et à sa petite-fille qu'elle n'aura jamais connue. Pourvu qu'ils ne souffrent pas — qu'ils n'aient pas souffert...

Le vent s'engouffre entre les arbres et forcit autour d'eux, brûlant, et une vague de chaleur lumineuse l'envahit, réchauffant son corps après qu'elle se soit tant battue en vain contre le froid de la bêtise humaine...

Chapitre VII – L'aube nouvelle

Réveille-toi, tu vas t'éteindre...
Dans le ronflement du brasier, un murmure lui parvient et elle rouvre les yeux. Ella se réveille doucement.
Elle s'était assoupie sur la balancelle de sa terrasse.
Le soleil lui brûle les joues, et le vent fait claquer la toile de l'auvent.
Ce n'était qu'un rêve.
Un cauchemar.
Elle soupire de soulagement, heureuse de retrouver ce qu'elle possède.
De retrouver surtout du temps.
Ils n'en sont pas encore à la fin.
Pas encore.
Il est donc encore temps. Temps de faire quelque chose, ou du moins d'essayer.
Elle ignore si c'était une prémonition ou un simple délire d'imagination, mais ce songe était bien trop vrai pour n'être qu'un mensonge : tout ce qui s'y est passé est tellement probable, terriblement vraisemblable, prévisible ! Et elle aurait pu l'imaginer rien qu'en établissant des déductions à partir du réel. Mais on ignore le plus souvent les conséquences négatives de nos actes tant qu'on parvient à se bercer de l'illusion qu'on peut leur échapper.
On croit ce que l'on veut, et l'on retient ce qui nous arrange. Même si au fond de nous on sait ce qu'il faut faire, on a toujours la tentation de s'aveugler, de se mentir. Comme des imbéciles obstinés, on attend que la faucheuse nous barre le chemin de la

vie pour se reconnaître mortels. On connaît les mathématiques et les sciences, et on sait qu'en toute chose il faut chercher le fondement, la cause sur laquelle bâtir les réflexions qui sauront nous soutenir, nous élever, mais nous passons pourtant le plus clair de notre temps à jouir de nos sens tout en méprisant les beautés et fragilités qu'ils nous permettent de connaître. Nous pouvons ressentir et comprendre, bien sûr, mais nous ne sommes pour finir que ce que nous faisons.

Chaque sage qui a saisi cet enjeu fondamental le dit à sa façon. On peut écouter Paulo Coelho, qui a le don de montrer le chemin de ce que l'on pourrait être, ou peser les propos instructifs de Yuval Noah Harari pour éviter les morts inutiles, ou tant d'autres... Ils sont nombreux à l'avoir appréhendé, car ceux qui ont compris ne sont jamais seuls, puisque la vérité s'offre d'évidence à tous ceux qui veulent bien la contempler ; mais bien plus nombreux sont ceux qui refusent de voir autre chose que l'illusion d'un mur jusqu'à y fracasser leurs vaines assurances.

Ella repense à ce qu'elle a lu dans son livre de philosophie :

« Il est à craindre que la répétition d'une erreur sous toutes ses formes est peut-être le seul moyen pour pallier dans l'esprit de l'homme l'idée orgueilleuse et absurde qu'il peut échapper aux mêmes conséquences d'une même action par le seul miracle qu'il accomplit cet acte de cette façon par lui-même pour la première fois. Tant que l'être humain se pensera comme individu unique, il n'évoluera plus et, tel l'enfant qui meurt en se jetant du haut d'une fenêtre, ne saura pas comprendre qu'il est incapable de voler sans l'aide d'une invention et sautera sans tenir compte du précédent constitué par le drame de la mort d'un congénère. Quand nos cultures ont rejeté les traditions qui brimaient l'épanouissement des individus, elles n'ont pas fait qu'anéantir les chaînes de leur évolution : elles ont annihilé

avec elles les racines du passé et, ce faisant, la conscience de la continuité d'espèce sans laquelle on ne peut jouir de l'héritage de ses ancêtres pour le dépasser en s'appuyant dessus. En rejetant ses aïeux, l'humain s'est privé de la mémoire qui faisait de lui un être vivant sage de plusieurs millions d'années. En rompant la continuité de sa culture, l'Homme s'est condamné à renaître à chaque génération, enfant naïf et incapable de savoir d'où il vient et où il va. Incapable de comprendre que nous ne sommes que le résultat de l'équation d'une espèce, et non un perpétuel recommencement sans prédécesseurs ni successeurs.

Ce que l'on sait aujourd'hui avec certitude, c'est que la Terre n'est pas un roc imbécile sur lequel les espèces s'affrontent pour prendre le contrôle des ressources ; c'est un espace fini, précieux et rare où chacun a sa place et tout est équilibre, chaque espèce formant le maillon d'une chaîne sans lequel la vie se délite et se meurt. Et chacun a bien une voix à faire valoir contre la logique destructrice de la marchandisation à perte du monde, car, même dans les nuits les plus noires, il y a toujours une lumière qui scintille : c'est vous, l'essence même de l'humanité, ce début d'étincelle qui pétille dans les yeux de tout le monde et qui donne un sens à l'existence. Et il suffit d'une seule étincelle pour que brûle haut et fort le grand feu de joie de la vie et de l'espoir. »

Rêve ou réalité ? Vie ou néant ? Ella n'hésite pas réellement, car elle sait ce qui est juste, ce qui est nécessaire, ce qui est bon, mais elle ignore encore comment agir. Elle ne peut débarquer nulle part et parler de son rêve. À son âge, on la jugerait sénile.

La réalité, pourtant, c'est bien que l'on s'est encore trompé de route, pense Ella. Et la destination qui nous attend est de toute évidence celle qu'elle a vue en songe. Pourtant, pour tout le monde, son rêve ne restera qu'un rêve tant qu'on ne voudra pas s'avouer la réalité.

Dans son sommeil, elle a bien vu que le peuple qui a réussi à survivre est celui qui s'est rendu compte que nous ne sommes qu'équilibre. Entre les peuples et les animaux, entre la terre, les eaux et les cieux. Que chacun, avec sa diversité, a son rôle à jouer, et qu'il est fondé à survivre et, par son intelligence, doit veiller à ne pas s'autodétruire — ni à se laisser condamner. Mais c'est une chose de le savoir, et c'en est une autre de convaincre autrui de passer à l'action.

Et il ne lui a pas échappé non plus que, dans son cauchemar, son petit éden n'a pas duré longtemps sous le rouleau compresseur des bombes et de la barbarie humaine.

Ceux qui œuvrent à ce qui est injuste et faux ne font que renforcer un déséquilibre éphémère, et l'on sait qu'en temps de tourments la violence et l'injustice déchaînent contre elles des populations capables de s'unir pour résister et triompher. L'Histoire est pleine de ces révoltes et révolutions qui ont bouleversé les règles, renversé les tyrans et vengé les innocents sacrifiés. Mais l'Homme ne met jamais très longtemps à remplacer l'espoir d'une vie meilleure par la crainte d'une vie pire, et le goût de la justice et de la solidarité par le dégoût de l'effort et du partage. Pourtant, la valeur de chacun est un fait incontestable, pense Ella. Dans son rêve, le peuple qui a institué cette culture en montrant l'exemple de ce que l'on peut être les uns pour les autres, intègres et pourvus d'humilité, a illustré à nouveau cette capacité de réussir à se contenter en veillant aux besoins de l'autre. Celui ou celle qui s'est aperçu qu'il ne sert à rien d'être plus riche que l'autre en se servant de lui deviendra un héros des temps modernes, riche de bienveillance et respecté, et donc capable d'une bienfaisance instaurant un cercle vertueux. Il ne suffirait que d'un seul humain qui saurait trouver les mots justes, l'acte fort, à un moment où le reste de l'espèce écoute et est prêt à changer pour éviter le pire, et on le suivrait.

Si nous sommes réellement capables d'empathie, de justice et de courage, comme elle veut le croire, alors tout est possible. Martin Luther King avait un rêve, et, face à l'abominable nature de l'Homme, il a réussi à remettre les pendules à l'heure. Ce n'est pas qu'un rêve que d'embrasser la possibilité d'unifier des êtres par le simple fait de démontrer que l'on existe et que ce n'est qu'ensemble que l'on peut construire, mais une façon de vivre, un choix, une alternative qu'il nous est possible de préférer. Celle qui rend heureux d'exister. Celle d'être digne d'être humain. Cet homme savait que nous n'étions pas différents, que chacun est précieux et capable de ressentir l'injustice de la même façon. Ce même sentiment qu'elle a retrouvé dans son rêve à elle, alors que nous sommes à présent en danger. Aux États-Unis, Martin Luther King aurait-il laissé des immigrés devant sa porte ? Ou bien aurait-il piétiné ses valeurs par intérêt ? Qu'allons-nous faire de l'Histoire que nous pouvons écrire ? Qu'allons-nous laisser de nous-mêmes aux futures générations ? Encore quelque chose de raté similaire au passé ? Ou alors faudrait-il se rendre compte que c'est surtout cet autre qui nous aide en temps de tourments, car nous sommes, après plus de trois mille ans à se faire la guerre, finalement connectés par les mêmes valeurs et les mêmes besoins ?

Combien de martyrs a-t-il fallu à travers le temps pour défendre la cause de la survie ? Encore combien de morts doit-on compter pour revendiquer le droit de vivre ? Il est temps de dire STOP et NON à l'infamie de notre mode de vie ! Puisque nous savons de quoi nous sommes capables, on ne veut plus de martyrs ni de morts inutiles : il est temps de changer l'Histoire ! On ne peut plus être ce que notre culture nous ordonne de faire, car cela nous mène à notre extinction, puisqu'on ne fera que répéter les mêmes erreurs jusqu'à ne plus exister. Et ce ne sera alors plus, en tout et pour tout, qu'une tragédie humaine qui n'aura pas trouvé d'autre destination que d'avoir tant créé en vain !

Faisant les cent pas sur sa terrasse, s'aspergeant d'eau tiède pour refroidir son visage irrité par la morsure des rayons, Ella est fébrile. Elle ne voit pas comment fuir ses responsabilités, comment ne pas agir, mais elle peine à entrevoir les contours de son action.

On peut imaginer que le développement de l'informatique pourra regrouper toutes les données nécessaires pour prédire notre avenir, pense Ella, et que, par le développement des télécommunications, les informations se recouperont, que les paroles de chaque individu pourront être appréciées et prises en compte, et qu'elles se retrouveront éventuellement à peser positivement dans l'analyse. Si globalement on devient capables de regrouper ces informations pour permettre notre survie, on saura pallier la probabilité de notre extinction en agissant préventivement.

Mais ils n'en ont pas eu le temps, dans sa vision.

Il serait si facile et si bon d'imaginer l'humanité avec un tout autre destin ! En regroupant tous les éléments concrets qui montrent la gravité de la situation et les moyens d'y remédier, et en priorisant ce qui nous épargnera de sombrer dans le néant, on donnerait ainsi un but commun à l'humanité, un espoir, une issue aux crises qui se multiplient depuis des décennies, toujours plus graves et irréversibles. On pourrait si aisément choisir de vivre sans s'autodétruire !

N'avions-nous besoin que d'une aspiration commune sans savoir comment faire ? Pourtant, elle est déjà présente, évidente. Notre mission de vie a toujours été un combat, et il suffit de rallier les outils de la connaissance du monde et de ce que nous sommes pour nous battre dans la même direction. Ce que l'on désire n'est pas encore écrit dans les livres. Mais nous savons ce qui nous attend si nous ne mettons pas nos forces en commun et nos envies de côté pour viser un équilibre où nous serions dignes de nous nommer humains. Cette race aussi destructrice qu'inventive saura-t-elle se rassembler pour reconnaître son but commun qui réunira enfin tout être ayant marché sur cette planète, dans la bienveillance et le bien-être de chacun ? Car on sait aujourd'hui que les miracles sont rares, et qu'il ne nous reste pas d'autre solution que de nous unir. L'attitude contraire est ce qui nous a amenés à toutes ces batailles, à ces guerres causées par nos désirs intempestifs et menant à la destruction absolue de tout un écosystème. Voici ce qui reste de nous : une espèce en voie d'extinction sur une planète où la vie se pétrifie.

Ella regarde autour d'elle, encore confuse après son sommeil troublé. Dans les jardins voisins poussent des hortensias bariolés et des arbres en fleurs, le concert des oiseaux et des grillons soulignant la grâce du vol des papillons et des abeilles qui butinent. Son voisin, le nez dans un massif qu'il entretient, la salue d'un geste de la main.

Elle enfonce son nez dans une pivoine qui explose de couleurs et de senteurs pour en humer son parfum préféré.

En fin de compte, on a tous le choix entre nos mains, et nous sommes tous libres d'agir tant qu'il est temps.

Et il n'est pas encore trop tard.

Le soleil, lui, brille toujours, et la vie n'est pas encore condamnée. On ne peut pas refaire les mêmes erreurs, pense Ella. Le but doit être de s'autosuffire, de rééquilibrer le mode de fonctionnement de l'humanité pour permettre sa pérennité. En utilisant la force des éléments naturels, le flux des rivières et du vent, de la mer et du soleil, on peut produire une énergie qui ne nous condamnera pas. En priorisant les besoins, en les recentrant sur la santé, le bonheur et la culture, on peut s'élever et élaborer les conditions de notre survie.

La coopération internationale entre les peuples, ou ne serait-ce qu'entre les habitants d'un même pays, est porteuse de promesses inédites et enthousiasmantes. S'ils veulent gagner, s'ils veulent survivre, s'ils veulent que tout ça n'ait pas été vain et que ceux qu'ils aiment aient une chance de bonheur, ils ne peuvent agir différemment. Face au réchauffement climatique et à la pollution de tous les éléments, et surtout face à l'impératif de survivre, ils n'ont plus le choix, car, dès demain, les dés seront jetés.

S'ils n'y parviennent pas, ce sera le fiasco de l'humanité, et le cauchemar d'Ella deviendra la réalité, le terminus de l'espèce humaine. S'ils poursuivent en campant sur leurs discordances, les chances de survie seront nulles.

Elle a bien compris le problème, maintenant : c'est grâce aux erreurs du passé que l'on peut dénoncer celles d'aujourd'hui et éviter celles de demain ! La force de l'Homme, en conclut Ella, puisqu'il peut penser, mémoriser et communiquer, c'est par nature de s'autopréserver par la culture qu'il crée. En fait, il devient évident, après l'analyse de l'évolution humaine et de ses cultures, de la planète et de ses écosystèmes, et en considérant les pressions humaines exercées sur ces écosystèmes et la finalité probable de notre développement, que la mission de chacun est, en fait, d'empêcher son autodestruction avec les moyens dont la nature lui a fait le don. Doté de conscience et de pensée, il peut tout aussi bien s'en rendre compte, y remédier, se réévaluer, réparer et appliquer ses nouvelles connaissances de façon mondiale et universelle, et cette fois-ci, pour le bien de tous.

La morale de l'histoire, se dit Ella, c'est que l'éthique et nos croyances peuvent tout à fait bénéficier d'une mise à jour, à la lumière d'un objectif enfin défini : tout être humain est important et, pour qu'il agisse de façon différente, il faudra surtout se demander pourquoi. Les Droits de l'Homme, repensés à la suite de la Seconde Guerre mondiale, reflètent les droits fondamentaux et universels de tout individu, et l'on sait pourquoi ils ont été écrits.

Pourtant, près d'un siècle plus tard, on s'aperçoit que nous ne pensons toujours pas par nous-mêmes. Ainsi, près de trois mille ans après Jésus Christ et malgré une Histoire riche en martyrs et leçons de sagesse, on observe toujours une injustice flagrante contre tout être humain qui n'aurait pas été défini comme tel par le groupe qui se refuse à lui reconnaître sa place et à l'intégrer. C'est-à-dire que l'on se permet de décréter la déshumanisation d'un être humain s'il ne correspond pas à nos mœurs, à nos valeurs ou à nos aspirations, car on n'admet toujours pas que cet être différent de nous puisse à sa façon et tout aussi légitimement que nous penser et ressentir à chaque étape de sa vie selon ses propres valeurs, au même titre que celui qui le juge anormal.

Néanmoins, en soi, ce qui fonde l'être humain ne réside pas seulement dans son enveloppe charnelle, mais bien dans ce qui le construit en tant qu'individu social qui ressent des émotions. Et l'on s'aperçoit bien, dans le fond, que chacun aspire a un dessein équivalant à une idée universelle de bonheur et de paix ; il devient alors évident que c'est ce que l'on apprend qui dicte nos valeurs et nos comportements futurs.

Donc, c'est par la manière dont on veut arriver à nos fins, que nous serons perçus et jugés, par nos différences plutôt que par notre essence et nos buts. Et, souvent, on a plus vite fait de juger que de faire l'effort de comprendre et connaître.

Le conflit est une voie qu'on emprunte si facilement et spontanément que l'Homme de paix est vite disgracié, et, comme le disait Eschyle : « La violence a coutume d'engendrer la violence ». Dans ce si fragile équilibre entre paix et chaos, tout ne tient finalement qu'à un seul mot, à une seule décision prise sans y réfléchir. C'est là le facteur principal sur lequel il faut se pencher, car tout repose sur ce déclencheur qui peut porter notre espèce vers les nues ou le précipiter dans les abîmes. Mais qui se soucie du bien-être d'autrui ? Qui se préoccupe des conséquences de ses actes ? Eh bien, il n'y aura que nous. Et tant que l'on ne se rendra pas compte que notre mission dans la vie est aussi de nous soucier de notre prochain, ces droits fondamentaux ne pourront pas être exercés.

Toutefois, il semble de toute évidence que, malgré les erreurs du passé et la compréhension lucide qu'on en a comme des découvertes qui permettent d'éviter de les répéter, l'être humain s'est à nouveau tout de même laissé gouverner par ses instincts, et qu'il n'aspire toujours pas à la fraternité. Le combat doit être constant pour n'être pas perdu d'avance, et nous sommes en train de le perdre faute de nous saisir de l'enjeu et des moyens de triompher de nos défauts !

La seule entité salvatrice sera la voie de la raison, et il est utile de se rappeler à chaque instant, que la seule récompense pour laquelle il vaille la peine de se démener, c'est d'être unis dans un monde meilleur.

Ella ferme les yeux et soupire : elle entrevoit tout de même une possibilité d'évolution, car, non, comme elle l'a vu dans son rêve, nous n'aurons pas de seconde chance si nous attendons trop longtemps, alors il va falloir s'appliquer, s'impliquer, car l'on sait désormais ce que l'on souhaite et ce qui est nécessaire à notre survie.

Et on a encore le temps d'agir, si l'on veut bien enfin se décider.

Le Gouvernement a du travail, pense Ella, et il faut impérativement l'accompagner pour assurer leur survie. Sa priorité ne peut plus être de limiter des dettes au profit des banquiers, pas plus que d'enrichir les quelques puissants qui contrôlent l'économie : leur pouvoir extrême ne nous servira pas plus qu'à eux en temps de sécheresse et de famine, et il sera alors trop tard pour les regrets. Il n'est plus question de respecter des dogmes, des lois ou des contrats, mais de rétablir l'équilibre indispensable vers un but unique et incontestable : celui de travailler vite et avec efficacité pour garantir la possibilité de notre survie, notamment en priorisant les énergies renouvelables, l'économie circulaire, locale et éthique, écoresponsable et zéro-déchets, et surtout en éradiquant le recours aux énergies fossiles et à la déforestation. Les techniques existent déjà : ne manque que la volonté politique de cesser de ménager une minorité de privilégiés pour assurer la dignité et la survie de tous.

On peut aujourd'hui instantanément déceler les idées novatrices partout sur la planète et partager les efforts autant que les coûts et les bénéfices de cette transition absolument indispensable. Pour donner une chance à la nature de se renouveler et à la vie de s'épanouir.

Durant ce long rêve, Ella a eu l'occasion de découvrir ce passé alternatif qui pourrait être leur terrifiant avenir s'ils ne parviennent pas à infléchir cette trajectoire. À la suite du mouvement spontané des Gilets Jaunes et des débats qui en ont découlé, le Gouvernement est resté sourd, et la situation s'est dégradée, l'état du monde enfoncé dans l'impasse, et la violence radicalisée. Lorsqu'au bout de dix ans de lutte sanglante l'Impôt Sur la Fortune a été rétabli pour marquer la bonne volonté des dirigeants et plus riches de contribuer enfin à hauteur de leurs moyens à la coopération nationale, il était déjà trop tard pour que cela soit d'un effet décisif.

En effet, il était évident depuis longtemps pour le peuple qu'il fallait que les puissants montrent l'exemple pour pouvoir rétablir un lien de confiance et la possibilité d'une unité. Car il n'y avait qu'ainsi, avait compris tardivement le Gouvernement, qu'on le suivrait.

Car si l'État n'est pas capable de reprendre en mains la situation, comment espérer que les citoyens, à leur petite échelle, pourraient s'en sentir capables ? Comment se battre isolément contre la destruction écologique mondialisée si les institutions supérieures censées garantir la sécurité des peuples sont incapables de résister à quelques lobbies irresponsables animés par l'appât du gain ? Même si sa survie en dépend, l'Homme ne peut individuellement espérer qu'il se débrouillera seul, tant on l'a convaincu pendant des décennies qu'il ne pourra pas reprendre le pouvoir face à ce monde si complexe où les forces à l'œuvre sont si puissantes qu'on ne peut les combattre. Ce n'est pas dans la nature d'une créature mortelle que de risquer sa vie pour des causes perdues dont les bénéfices sont inimaginables : ce n'est que par la coopération que nous pouvons renverser la vapeur et changer la donne pour un nouvel ordre des priorités. Qu'un gouvernement montre l'exemple du courage, de l'ambition et de l'engagement, et qu'il sache expliquer le sens de son action, et son peuple suivra, répandant un souffle révolutionnaire et enthousiaste sur toute la surface du globe.

Dans son rêve, l'État avait ainsi favorisé la satisfaction de ce besoin vital d'être guidé vers un avenir meilleur, et donc permis l'émergence de la motivation nécessaire pour que le peuple puisse unir sa force, mais trop tard. Le Gouvernement avait enfin travaillé pour le bien de la population de son pays en prônant l'équité, valorisant ainsi l'effort de chacun en effaçant une des failles les plus flagrantes de la société : l'injustice.

Mais trop tard.

Les fractures sociales étaient ainsi devenues guérissables, et la conscience de refaire société ensemble dans un but positif commun avait permis de rétablir les bases d'un goût du partage nécessaire à l'enrichissement de la culture, seule vectrice d'identité de groupe et de capacité d'élévation.

Trop tard.

Il n'avait fallu qu'un premier pas vers un but désintéressé et incontestable pour enclencher le cercle vertueux qui avait tari les sources de la haine et de la cupidité, faisant couler à flots l'espoir, la solidarité et l'envie de faire ensemble pour tous.

Beaucoup trop tard, hélas.

Si un gouvernement ou une société se déclare aujourd'hui encore incapable de prendre les décisions qui s'imposent, ils n'ont certainement plus aucune excuse. Les idées auparavant impensables peuvent désormais être discutées, et leurs enjeux et limites sont désormais énoncés. Les cartes sont entre nos mains, et on sait comment gagner la partie. Reste à savoir si on joue chacun pour soi au risque de tout perdre, ou bien si on change les règles du jeu pour coopérer, quitte à faire sauter la banque pour refaire le plein d'espoir.

Enthousiaste, Ella trépigne sur sa terrasse. Aujourd'hui plus que jamais, elle sent que toutes les conditions sont réunies pour réussir. Reste à savoir comment provoquer ce premier pas indispensable pour enclencher le processus.

Socrate a réussi à faire passer le message à travers les siècles. Nous nous connaissons, désormais, pense Ella. Donc, nous ne sommes pas obligés de nous conduire comme les barbares inconséquents de son cauchemar qui ont anéanti, divisé et supplicié les peuples et toutes les formes de vie de la planète. On a déjà fait beaucoup de dégâts, certes, mais on a tous encore le choix : celui d'éviter les détours politiciens en sachant pourquoi il est devenu vital d'agir urgemment avec vigueur et dignité.

Dans son rêve, Ella a goûté l'extase d'une humanité unifiée, et elle en retire un plaisir euphorisant qui lui donne soudain envie de hurler son espoir, d'étreindre tout passant pour lui communiquer sa joie et sa conviction.

Dans son école souterraine, elle avait institué des cours d'empathie pour enseigner aux enfants à comprendre l'autre et mieux exprimer ses propres besoins afin de mieux prendre soin des fragilités de l'autre, et ainsi éviter les conflits futurs et être capable de trouver des solutions positives pour s'entendre et coopérer. Il en avait résulté un climat merveilleux et un sentiment d'épanouissement qu'elle n'avait jamais expérimenté — et qu'elle aspirait plus que tout à retrouver.

L'accent doit être mis sur la lutte contre la corruption et les abus financiers qui ont été mis en place. Une politique plus juste face aux déséquilibres sociaux motiverait la population à vouloir bien faire. Les banques se dévoueraient ainsi au bien-être du peuple, et non plus à faire des profits à ses dépens, car elles seraient fortement sanctionnées par l'État en cas de malfaisance financière à l'encontre des citoyens. Le travail est nécessaire au fonctionnement de la société des hommes, mais l'emploi doit être un lieu d'intégration et d'épanouissement par la dignité de l'utilité et la reconnaissance du mérite de chacun, pas un lieu d'exploitation et d'usure morale et physique.

Pour contribuer à une humanité saine et florissante, l'économie doit servir l'humanité, et non plus l'inverse. Le temps de travail de chacun doit donc être bien réparti de façon à ce que chaque personne puisse s'affairer à ce qui lui réussit le mieux et pour pouvoir ainsi mieux profiter de la vie et rester maître de sa propre personne.

Ella se souvient : avant de prendre sa retraite, elle a toujours voulu avoir le temps de cultiver son jardin et ses propres légumes. Son mari, lui, avant qu'il ne sombre dans la dépression, avait toujours des idées farfelues autant que fantastiques. Il était persuadé qu'il pourrait trouver le moyen de planter son propre palmier et son cacaotier pour pouvoir régaler ses futurs petits-enfants de pâte à tartiner.

Elle sourit.

Ses souvenirs sont désormais si lointains, mais elle sait maintenant que rien n'est impossible.

Ella a une particularité dont elle croyait jusqu'à son rêve que beaucoup étaient dépourvus : elle ressent la souffrance des autres. Une fois la douleur éprouvée, en discutant avec celles et ceux dont elle partage l'émotion, elle chemine pour en trouver la cause et pour offrir des solutions, réparer, compenser, remplacer. En humaine, elle considère juste que la valeur des individus, leur énergie et l'exemple de leur vie ne sont pour elle qu'un merveilleux cadeau. C'est dans ces échanges qu'elle se sent vivante, et elle sait qu'il suffirait d'encourager cette faculté chez tous pour recréer un lien positif entre les gens, plutôt que la concurrence et la défiance.

Eh bien, aujourd'hui elle en est convaincue : on est des millions, et même des milliards, à être capables d'empathie et à vouloir de ce monde meilleur.

Oui, cette même valeur s'applique bien à chaque battement de cœur et aux quatre coins du globe. La raison évidente en est que chaque individu est doté d'une pulsion de vie. Et un être vivant est forcément trop conscient de la valeur de l'existence pour négliger la survie et le bonheur des autres, qui ne sont que des doubles de lui-même, pour peu qu'on ne fasse pas de sa vie un combat à mort contre le reste du monde. L'empathie est donc un cadeau précieux que la nature a offert aux humains afin de lui donner la capacité de rêver, viser et atteindre l'unité. Et, pour ceux qui ne croient plus aux miracles, alors il faudra relire l'Histoire, car, depuis qu'Homo Sapiens marche sur cette terre, il sait aussi comment prendre soin de lui-même et de ses frères.

Rien ne l'empêche donc de suivre ses mêmes pas à plus grande échelle. L'Homme a toujours eu la liberté de choisir.

Par des mesures enfin à l'écoute de la majorité, les malaises dénoncés par la population s'effaceraient enfin, et il serait donc possible de coopérer en se dirigeant vers un même but : répondre au challenge de la destruction écologique.

Ella rentre d'un pas déterminé dans sa maison et s'installe à la table de son salon pour faire le point avec une feuille et un stylo.

Que savons-nous de la situation et quelles sont les priorités ? Nous savons qu'identifier les éléments les plus polluants d'un pays et les remplacer rapidement ou les améliorer avec des systèmes antipollution peut être réalisable. Nous savons aussi que la chaleur du sous-sol et de l'air, les rayons solaires, la force du vent ou des courants d'eau peuvent permettre notre indépendance durable en énergie renouvelable. Nous savons aussi qu'il nous faut de l'eau en abondance et des matières premières renouvelables.

D'après les experts, l'émission de CO_2 est l'élément le plus déterminant dans le dérèglement climatique. Plusieurs choix s'offrent à nous pour éradiquer ce fléau : la panoplie d'idées novatrices pour limiter la propagation de ce gaz à effet de serre est même infinie, de même que celles pour recycler les matières, produire avec des matériaux renouvelables et écoconçus, ou produire de l'énergie propre. On sait enfin que prendre en considération les besoins de la population est tout aussi important pour que les projets soient soutenus et achevables, afin d'amener toutes les catégories de la population à la coopération et d'éviter ainsi les discordances qui risqueraient de diviser la société et alors ralentir la réalisation de ces projets urgents et indispensables.

Dans son rêve, face aux désastres écologiques qui s'étaient

multipliés à partir de 2035, se remémore Ella, le Gouvernement avait décidé d'établir des priorités fortes impliquant la transformation rapide des industries vieillissantes et de plus en plus délocalisées en systèmes de production locaux et multifonctionnels capables d'utiliser l'énergie solaire tout en recyclant leurs propres déchets pour concevoir d'autres matériaux nécessaires pour l'entretien des routes et chemins de fer, pour isoler les maisons, ou pour générer et stocker de l'énergie. Il avait ordonné rapidement le remplacement des usines les plus polluantes, même si elles avaient été équipées de filtres anti-carbone qui minimisaient les rejets : il ne fallait plus limiter la pollution, mais la stopper, permettre une production viable et optimale, propre et renouvelable.

On avait enfin pris en considération la densité démographique, les ressources naturelles et les besoins des habitants de chaque région, pour créer localement de quoi générer dignement et proprement la subsistance et l'emploi de chacun. Les matières premières comme l'eau potable, le blé, les pommes de terre et certains produits animaliers étaient créées puis distribuées de façon locale pour éviter les pénuries alimentaires, et, en prévention des catastrophes naturelles, le surplus de production de chaque région pouvait être échangé, redistribué ou conservé ingénieusement. En réduisant ainsi le transport des matériaux d'une région à l'autre, le coût était moindre, et la gestion de l'énergie beaucoup plus facile, de même que le travail prenait une dimension moins abrutissante et les emplois gagnaient en dignité et légitimité à être mutualisés pour faire de la place à chacun. Des petites centrales hydroélectriques, installées stratégiquement en parallèle des rivières et des fleuves, produisaient de l'énergie dans les milieux les plus ruraux. L'énergie solaire était absorbée, transformée puis orientée de façon à apporter le chauffage dans toutes les maisonnées. Les éoliennes dansaient au rythme des vents, apportant leur énergie pour compléter l'approvisionnement des territoires encore insuffisamment alimentés en électricité. Les voitures usant de carburants fossiles avaient été remplacées en moins de cinq ans par des véhicules électriques, puis on s'était même résolu à froisser les lobbies industriels en forçant la commercialisation de véhicules à air comprimé ou à hydrogène : il était important de pouvoir se déplacer pour aller travailler et continuer à vivre, mais on ne pouvait tolérer que cette mobilité se fasse au mépris de la santé et de la survie de tous ; avions comme paquebots et porte-conteneurs avaient suivi la même évolution, aidés en cela par la relocalisation de l'économie.

Les terres étaient désormais cultivées essentiellement pour la consommation directe de la population, l'élevage ayant décru drastiquement pour être ramené à la portion congrue d'une production compatible avec les priorités écologiques et sanitaires. Chaque pays s'était résolu à s'autosuffire en recourant à ses propres ressources, et en utilisant les recettes de leur produit intérieur brut pour innover. Surproduire n'était plus admissible. L'ensemble de ces décisions évitait les coûts écologiques de transport et de stockage, permettant ainsi l'économie des ressources de la planète et d'assurer du même coup un équilibre des activités humaines dans un monde capable de supporter notre espèce.

Malgré ces efforts tardifs, ou plutôt parce qu'on avait trop attendu, le réchauffement climatique avait commencé à se faire sentir, et les rendements agricoles à décroître. En cas de pénurie de produits alimentaires, donc, suite aux aléas de la météo, à des catastrophes écologiques accidentelles ou naturelles, les États frontaliers avaient mis en place un système d'entraide mutuelle qui permettait de redonner du sens au commerce, puisque chaque région développait davantage ses points forts pour compenser les points faibles d'autres parties du globe que pour le concurrencer. Cela changeait des traités militaires si chers aux gouvernements des siècles passés.

Partout, on replantait des forêts pour absorber le CO_2 qui saturait l'atmosphère, et on laissait reposer la mer pour qu'elle récupère sa capacité à en faire de même. Mais la course frénétique livrée à l'effet boule de neige du réchauffement climatique était perdue d'avance, puisque commencée trop tard.

La Fontaine et sa fable du Lièvre et de la Tortue ne se seraient jamais démodés, au final. Et le Lièvre humain s'était éreinté en vain, les nations découragées, le climat emballé, et la fin précipitée.

Ella respire un grand coup.

La partie est décisive, cruciale, mais elle n'est pas perdue d'avance. On a peu de temps, mais on peut encore réagir. Il faut seulement déclencher le premier pas.

Juste un, et tout le reste suivra.

Juste un premier pas et on sera sauvés.

Ella saisit son crayon et commence à écrire le titre du récit de son rêve. Elle sait déjà qu'elle le diffusera par tous les canaux possibles, qu'elle l'adressera à tous les décideurs. Il faut qu'on entende cette vérité, qu'on la comprenne. Ou bien l'Homme ne quittera pas vivant la caverne de son ignorance, et celle-ci s'écroulera sur lui dans le feu d'un holocauste nucléaire.

Elle regarde le titre et sourit.

C'est possible.

Elle y croit.

Elle souligne de deux traits son titre :

<u>Le jour où tout a commencé.</u>

Et elle prend une page neuve pour débuter le récit le plus

important qui ait jamais été écrit.

© 2019, Martine Philibert

Edition : Books on Demand,
12/14 rond-Point des Champs-Elysées, 75008 Paris
Impression : BoD - Books on Demand, Norderstedt, Allemagne
ISBN : 9782322140060
Dépôt légal : novembre 2019